亲情与友情

字里行间彰显真情
平凡小事发人深思

裴婉华◎著

台海出版社

U0628885

序

　　中华传统美德，是中华民族巨大的精神财富和强大的精神力量，它博大精深，遍布社会生活的各个层面。中华民族要实现复兴，既需要强大的物质力量，也需要强大的精神力量。充满正能量的亲情和友情，是中华传统美德的重要元素，是中华民族精神大厦中的重要组成部分，发挥着弘扬优秀家风、传播和谐友谊的重要作用。在《亲情和友情》一书中，作者把耳濡目染、亲身经历的众多感人事迹，把亲眼看到亲人们在为人处事中所表现出来的优秀品德，把许多不是亲人却胜似亲人的好朋友们团结友爱、助人为乐、无私奉献、先人后己、大公无私的高尚人品，娓娓道来，情景细节荡人心腹，字里行间彰显真情，平凡小事发人深思。

　　亲情是一种情感，亲情是一种爱，是亲属之间那种特殊的情感交织的爱。在中华传统美德里，亲情是构筑家庭美德的基础，是有形的正能量，它诠释着善良的道德意愿和道德情感，成为人们日常生活的基本遵循。在家庭生活中，亲属之间自觉地尊老爱幼、夫妻和睦、互敬互爱，互相帮助，共同创造幸福美满的生活。作者满怀深情地在《亲情篇》中记录下了不少动人的亲情往事。长辈们是那样尊老爱幼、孝敬父母的；兄弟姐妹之间是那样团结友爱互相帮助的；他们是那样关心别人，助人为乐，严格要求子女的；他们是那样的热情、诚实、正直、胸怀宽广、乐于助人的。

在许多普普通通的小事中荡漾着浓浓亲情。

作者回忆母亲离世前留给她的三件宝：第一是乐于助人，第二是自食其力，第三是勤俭持家。"母亲没有留给我土地房产，或者金银财宝。但是，她留给了我做人的三件宝。这是一笔最宝贵的精神财富，它比任何的物质财富都更加宝贵。我非常感谢我的妈妈，我珍惜她留给我的这三件宝，我觉得它比留给我金钱、房产、首饰更有价值，更有意义。我一直牢记着它，并且按此去做。它对我的一生都有着重要的意义"。作者在母亲的身上，看到了外婆家的良好家风和家风的传承。

在作者的回忆里，四姨是一个热心帮助别人、无私关怀别人的人，她热心帮助亲戚解决住房困难、探望生病的亲友，总是用自己博大的胸怀，用爱去关怀所接触到的每一个人。四姨是一个识大体、顾大局的人。她带头积极支持政府的拆迁计划，克服困难，动员大家搬家，促进了搬迁工作的顺利进行。四姨是一个热心公益事业的人。作为一个街道工作积极分子，她为街坊邻居，为保持社会的安全稳定做了许许多多好事。四姨还是一个会教育孩子的好妈妈。她总是言传身教，以自己的模范行动，教育孩子。潜移默化的影响，使他们从小就树立了劳动观点，养成了劳动习惯。四姨又是一个懂得统筹安排、聪明能干的女强人。虽然没念过多少书，也没参加过工作，但每天有许多家务事等着她去做。还要值班巡逻，解决街道中的矛盾和纠纷，去关心别人做好事。在这纷繁复杂的琐事中，分清轻重缓急，有条不紊一个一个有序地解决。显得是那样不紧不慢，非常轻松。四姨是一个坚强乐观、心胸开阔的人。她在出现挫折和坎坷的面前，在丧失亲人的时候，采取了面对现实的态度。她善于调节自己的情绪，乐观的对待一切。这里表现了她的坚强和乐观，也表现了很强的自控力。作者从四姨身上看到了中华民族妇女的传统美德。而四姨的身上也折射出小姨、外婆、表姐、外甥女、女儿女婿众多亲属们互敬互爱、勤俭持家、乐于奉献、勤劳朴素的共同亮点。四姨是践行良好家风、传承家庭美德的代表。作者用一件件一桩桩看似平凡却蕴含高尚鲜活的价值观的往事，点燃人们对家庭美德的崇敬和向往，使中华传统美德继续发扬光大。

友情是一种饱含温暖的友谊，友情是一种爱，是朋友之间发自内心互敬互帮、相互交融的爱。在中华传统美德里，友情恰似通往金光大道上的基石，承载着志同道合携手并肩奔向幸福的人们。作者怀着深深地感激，用朴素简练的文字在《友情篇》中写下了一件件令人赞叹的情谊往事。"在我的一生中，结交了许多好朋友。其中有老师、有同学、有同事、有学生、有领导干部、有医生、有邻居、有社区服务员……从年龄上说老、中、青都有，我们虽然不是亲人却胜似亲人。我的朋友中有很多人拥有优秀品质和伟大精神，在他们身上同样表现出中华民族的传统美德。他们团结友爱，助人为乐，无私奉献，先人后己，大公无私，把别人的困难当作自己的困难。他们谦虚谨慎，兢兢业业，把毕生的精力都献给了祖国的建设事业。我为有这样的朋友感到骄傲和自豪。我热爱他们，敬重他们，愿意学习他们。在我们之间存在着牢不可破的深厚的友谊。"

作者在《她和我本来素不相识》里讲到，一位过去本来素不相识的老师，毫无保留地、无私地、热情地帮助我备课，帮助我开展第二课堂活动，把别人的困难当作自己的困难。在《你快来，我有急事》里，老伴突患了重病，我向社区医生求助，医生像对待家人一样，马上喊来丈夫帮助我把病人送去医院。《一把藤椅》讲述的是作者的朋友帮助照料保姆的事情。好朋友薛振兰来家里玩，她看见保姆生病的样子很痛苦，便去自己家里搬来一把藤椅给生病的保姆用，"小薛把一个与她不相干，别人家里的保姆的病痛放在心里，想尽一切办法为她减轻痛苦。她的心地是多么的善良啊！"作者本人从 53 岁学英语，至今 80 多岁了仍坚持不懈，并且还在辅导儿童学英语。是什么力量在支撑着她？作者在《我的良师益友》里这样讲到，王春菁老师教英语，我是班主任，我俩合作 17 个月，成为好朋友。王老师热心教我英语，激发了我学习兴趣。"王老师是一个很有人格魅力的人。从她那里我不仅学到了纯正的英语，而且学到了应该怎样生活，怎样做人；从她那里我感到了友谊的温暖和力量；从她那里我感受到了她热情开朗的性格和宽广的胸怀；

从她那里我学到了她的助人为乐和敬业的精神。王老师是我的最好的良师益友，她永远是我学习的好榜样，她永远激励着我不断前进。"

作者在书中以许多生动鲜活的事例告诉读者，什么是真正的亲情和友情，在一件件亲情和友情的往事中，洋溢着良好的家庭美德、个人品德、职业道德。亲情和友情是中华传统美德的具体体现，我们应该传承和弘扬，在全社会形成崇德向善、德行天下的浓厚氛围。

于百计

2018 年 3 月 9 日

目 录

第三部分　亲情和友情点滴记事

第一部分　亲情篇

1. 妈妈留给我的三件宝

——回忆我的妈妈程淑荃

老人在临终前总想留给子女一些宝贵的遗产，有的留下大笔的钱财，有的留下房子土地，有的留下金银首饰，有的留下漂亮的衣物家具，有的留下宝贵的遗言。无论留下什么都是父母对子女的一片心意。但是，到底什么是最宝贵的遗产呢？我认为最宝贵的遗产是教给子女怎样做人，给他们以知识。因为教会了怎样做人，就给子女明确了做人的正确方向，指出了正确的人生的道路；有了知识，一辈子都有了谋生的手段和奉献社会的本领。这二者是一辈子都吃不完也用不尽的。但是，如果只留下钱财总有用完的时候，如果只留下房地产遇见天灾人祸也就不保险，然而，留下宝贵的精神财富是永远不会消失的。

我的妈妈程淑荃尽管文化水平不高，只念过很短时间的私塾，是个传统意义的家庭妇女。但是，她心地善良、孝敬父母、对人宽厚、乐于助人；她注重对孩子们的教育，渴望把我们培养成为品德高尚、自食其力的女性。总结起来，她遗留给我们三个方面的精神财富。

第一，就是乐于助人。2007 年我去南昌办事，特地去看望了老表姐程应锦。她满怀感激地回忆了一件我妈妈的往事。她说："有一年我们家里遭了难，家里已经没有办法过下去了，是你的妈妈马上把我们接到你们家里去住，使我们渡过了难关。她真是一个大好人，我们永远忘不了她的恩情。"我有个伯伯很不争气。在伯母去世后，把亲生的闺女卖到了妓院。我妈妈得知后，典当了东西把她赎了回来，还托人给她找了工作和对象，使她也有了自己的家，过上了幸福的生活。她对我妈妈非常感谢，认为是我妈妈把她从火坑里救了出来。我家有个远房亲戚邓婆婆，她无儿无女，在家帮助我们多年。平时妈妈就像对待亲人一样对她。我们搬到北方后，天气很冷，当时家里经济比较困难，妈妈自己还没有棉大衣，但是，她怕邓婆婆出去买菜受凉，就先给邓婆婆买了一件棉大衣。1960 年，我刚大学毕业，工资只有 46 元。我妈妈病危时，嘱咐我说："邓婆婆很可怜，无儿无女，老了无人照顾，你得为她攒足 2000 元养老钱，还要给她养老送终。"遵照妈妈的遗嘱，我每月都给邓婆婆寄生活费。在她病危送医院就医时，我借钱给她治病，尽心尽力地护理她。这都是妈妈教育我这样做的。临终时邓婆婆含着泪水对我说："哪儿都没有你们家好，谁都没有你对我好，谢谢你了。"妈妈经常说："不要锦上添花，要雪中送炭。""不要巴结做官的，不要拍有钱的，要去帮助那些有困难的。"她不但是这样说的，也是这样做的。我牢牢记住了妈妈这些教诲。

第二，就是自食其力。1937 年，当妈妈得知外婆中风后，马上带着姐姐和我赶赴四川去看望外婆。不料，日本发动了侵华战争，我们就再也回不了家了。其间父亲另成新家，我们从此就一直住在舅舅家里。这就大大地加重了舅舅的负担。妈妈很过意不去，她对我们说："要是我能出去工作，能养活自己和你们，那该多好呀！"她又说："女人不能依靠男人过日子，我一定要让你们上学，就是卖裤子当衣服也要让你们上学。一定要让你们能自己养活自己。"她没有唱高调，说的都是平常老百姓的话，在我们幼小的心灵中就种下了"自立、自强、自爱、自尊"的种子。所以，在她的影响和熏陶下，我们在工作、学习中都很要强，并且

左二舅妈方淑瑾　右作者妈妈程淑荃

懂得了妇女要生存就要奋斗。以后无论在学习和工作中，我们都比较努力。记得我在初中上的是一所私立教会学校，学费一学期要交几十袋面。我爸爸说："学费太贵，女孩子没钱就别上学。"当时学校有个规定，每个年级的前三名可以免交学费。我就努力读书，争取前三名，这样我就能免费上学，不至于辍学。

第三，就是勤俭持家。妈妈经常说："你哥哥一个月给我 40 元。我每月只花 35 元，这样月月都富余，有了突发事变也能应对。如果我一个月花 45 元，前扯后空，月月都会紧张，日子就没法过了。"在妈妈的影响下，我也注意"计划开支""勤俭节约"。她还告诉我："富日子要当穷日子过，有钱花时要想到没钱的时候。手里有了点余钱，遇见特殊事情，有特殊开销时，心里就不慌。绝不能今朝有酒今朝醉。"在妈妈的影响下，虽然我在大学毕业后，18 年没有提过工资，不仅要给老家寄钱，还有个早产儿，日子过得紧巴巴的，但是我本着"勤俭持家""留有余地"的原则去做，在不富裕的情况下，安排好家庭开支。自己能做的衣服、食物自己做。本着开支"先紧后松"的原则去安排，我克服了生活上的许多困难。我从来没有申请过补助，也极少向人借钱，而且还能在别人有困难时给他们一些小小的帮助。我之所以能做到这些跟妈妈的教育和影响是分不开的。

妈妈已经走了 58 年了，她没有留给我土地房产或者金银财宝。但是，她留给了我做人的三件宝："自立，自强""助人为乐""勤俭持家"。这是一笔最宝贵的精神财富，它比任何的物质财富都更加宝贵。我非常感谢我的妈妈，我珍惜她留给我的这三件宝，我觉得它比留给我金钱、房产、首饰更有价值，更有意义。我一直牢记着它，并且按此去做。它对我的一生都有着重要的意义。

妈妈，您是姥姥家教育出来的，在您身上有中华民族的优良传统；在您的身上表现出了外婆家的良好家风；在您身上也有许多优良的品质。作为您的女儿和后来人，我们必须把它继承下来并且发扬光大。

我也希望大家都能留给孩子们更多的宝，使他们今后生活得更好。

2. 她就像我的亲妈妈
——记舅妈方淑瑾对我的亲情

抗日战争前夕，我的姥姥得了脑血栓，我的妈妈带着我和姐姐到四川去看她，不料，抗日战争爆发了，从此我们和爸爸失去了联系。我们三口人一直住在我舅妈家里，长达 8 年的时间。

我舅妈生活虽然不贫困，但是一下子添了三张嘴吃饭，也够难为她的。她要管我们吃、穿、住，还要供我和姐姐上学，生活的担子是相当重的。有时，手头太紧，她就默默地把自己陪嫁的首饰拿出去典当，换来点钱，维持大家的生活，但是她从来不向我妈妈诉说她的困难，也从来没有怨言。她对舅舅说："姐姐心里已经够难过的了，我们要多安慰她。"

我们和他们全家都是在一个餐桌上吃一样的饭菜。按照老大穿新衣，老二穿旧衣，缝缝补补是老三的常规，表姐最大，穿新的也是应该的。但是，每逢过年和开学，舅妈总是要给我和姐姐做件新衣服。姐姐考上沱江中学的时候，要住校，舅妈就像对待亲闺女一样给她买了被子、脸盆和全套的学习用品和洗漱用具。那个铜脸盆现在我还留着，作为永久的纪念。

孩子们在一起相处难免会产生矛盾。在吵架的时候，舅妈总是责备自己的孩子，让他们善待我们。有一次表哥在打篮球的时候，不小心把篮球砸在了姐姐的头上，姐姐晕了过去。舅妈很着急，马上带她到医院去看医生，回来后，把我表哥狠狠地骂了一顿。我最小，什么好吃的，她总是对我特别优待。专门给姥姥炒的肉松，别人都不许动，只有我有特权能享用。

新中国成立后，舅妈搬到北京来住，我和姐姐也都在北京上学。她对我

舅妈方淑瑾和我

们的照顾更是无微不至。她要我们每个星期天都回她的家，把她自己都舍不得吃的东西拿出来给我们吃，返校时，还要给我们带上一瓶肉炒雪里蕻黄豆。如果我没回家，她就担心我生病了，让我表哥到学校去看我。特别是在困难时期，东西供应很紧张，什么都要凭票买。当时已经70多岁的舅妈，在星期六，常常到西单商场去排队买点高价的叉烧肉，有时把票上仅有的带鱼买了炸好等着我们回去吃。我当时也不懂事，不只是自己跑去吃，有时还带着我的朋友一起去"改善生活"。我的舅妈总是热情招待，从不厌烦。这在困难时期是很不容易做到的。

1961年，我姐姐生了一对双胞胎。舅妈特意从北京到上海去看望我姐姐。为了让我姐姐坐好月子，养好身体，她花高价给我姐姐买了鸡和不少鸡蛋，让我姐姐补养身体。她在关键时刻就像妈妈一样照顾我姐姐。

1968年7月我生了双胎早产儿。舅妈虽然年事已高，但是她不顾疲劳和体弱多病，多次从辟才胡同，走很远的路到东四十二条来看我。她不光是带来许多好吃的营养品，还耐心地告诉我怎样坐好月子，怎样注意身体和带好孩子。当时天气很热，我身上长满了痱子，光着腿，不愿穿长裤。她语重心长地对我说："在月子里，一定要注意身体，不要贪凉，否则会落下毛病的。"她就像自己的亲妈妈一样，在关键时刻就出现在我的面前。

1969年，我的保姆要回家探亲，我必须上班，早产又瘦弱的儿子怎么办？当时我真愁得没法。舅妈不顾年纪大、体弱多病，主动提出，让我带着孩子到她家里去住，还找好了一个邻居来帮忙照顾。在她家的三个月里，她克服了许多困难，想方设法给孩子调配饮食，耐心地给孩子喂饭、喂奶。就这样，她就像自己的亲妈妈一样帮助我渡过了又一个难关。

　　我的舅妈心地善良，助人为乐，她不仅对我们很好，而且对她周围的人都很好。她的邻居程伯伯是一个西单商场看仓库的工人，家里有三口人。夫妻俩和一个女儿。他们和舅妈做了20多年的邻居，都是和睦相处，从来没有吵过架，红过脸。后来程伯伯的女儿得了肺结核，他们没有卫生知识，不知道这个病的严重性，也没有钱给她治病。舅妈就主动耐心地说服他们要给他们女儿治病，并且拿出钱来送她去住院。后来大姐不幸去世，二老非常悲痛。舅妈觉得他们孤苦伶仃的，怪可怜的，就更加关心他们。每当亲戚从老家带来江西的土特产，朋友送来营养品，或是孩子们孝敬她的水果、点心，她都要拿出来和二老共享。由此可见舅妈的心地是多么善良，她是多么乐于助人。

　　我的舅妈在1976年得了重病。我当时从下放的农村赶回来看她。她一见我就流下了眼泪，她说："我就想在我临死前还能见你一面，我还以为我见不到你了呢。"我也难过地哭了。后来她得了褥疮，我怕它会溃烂，就到处跑去找，终于给她买到了橡皮圈。她心里难受，想吃橘子，那是五月份，橘子很少见到。我跑遍了许多商店都没有买到。我心里正着急，在我去人民医院看她的路上，突然看见前面有一个人手里提着一兜橘子。我赶忙上前问他："您的橘子是在哪儿买的？"他说："在西单商场买的。"我喜出望外。可他又说："早就卖完了。"我失望地说："太遗憾了。"我紧追在他后面，求他说："我舅妈病重，您就让一点给我吧！"他说："我也是去看病人的，不行。"我就告诉他我的舅妈怎样养活我们，对我们有恩，她病重，她吃不上橘子，我心里真难受。经不住我反复磨蹭，他发了善心，终于从兜子里掏出来4个橘子递给了我。我跑步赶到了人民医院把橘子递到了舅妈的手里，心想"我的舅妈终于吃上橘子了。"我特别高兴，好像完成了一件什么重要的任务。

　　我的舅妈早已离我远去了，但是她对我像妈妈一样的母爱，使我难以忘怀。她善良的品德和助人为乐的精神是中华民族的光荣传统，我们要向她学习，一定要继承和发扬这些传统。舅妈，您没有死，您永远活在我的心里。

3. 一个善良而坚强的女性

——忆五舅妈舒文辉

我的五舅妈舒文辉是一个善良而坚强的女性。我和她接触虽然不多，但是她却给我留下了很深刻的印象。

五舅妈舒文辉

一、她是一个十分善良的女性

五舅妈是一个很善良的女性。她既是一个好媳妇、好妻子，也是一个好妈妈。我常常听我的妈妈说："自从她和你五舅结婚进程家门后，一直就对你外婆非常孝敬。她每次领到月薪以后，总是要给外婆买一些好吃的或是外婆喜欢的东西来孝敬老人。"由于她是个孝敬的好媳妇，所以外婆也非常喜欢她。后来，得知我外婆中风，她很着急，千里迢迢，日夜兼程从江西赶到遥远的四川去看望我外婆，尽自己的一份孝心。

五舅妈也是一个好妻子。她对我舅舅原本就很好。她是个知识妇女，又是老师，还当过小学校长，是个有文化修养的人。她喜欢音乐，和舅舅有共同的爱好，曾经有过一个幸福美满的家庭。

后来，五舅舅遗弃她多年，而且也不管孩子。但是，当她得知五舅舅中风偏瘫，无人照顾，向她寻求帮助时，她不顾自己已年过半百，明知伺候一个卧床病人是困难重重的，但是，她既往不咎，毫不犹豫地答应了他的请求。她是个拿工薪的人，生活并不富裕。接受一个偏瘫病人，医疗、护理费用是一笔很大的开支，她不得不变卖自己的陪嫁首饰，动用自己省吃俭用的积蓄，想尽办法来支撑这笔巨大的费用。她自己是很勤俭节约的。我曾看见她在写信时，用的信封都是用旧信封翻过来粘好了再用的。但是，她对五舅舅的饮食和医疗费从不吝啬。她在两年多的时间里，就为五舅舅花掉了两千多元。这在 20 世纪 50 年代是一笔很可观的数字。

病人心情不好时，常常发脾气，还要求看电影和外出听音乐，她都耐心照顾，找人背他出去，尽量满足要求。这期间，她所克服的困难是可想而知的。对一个遗弃过自己，做过对不起自己事的丈夫，能做到这分上真是不容易。这绝不是一般人所能做到的。这里表现出了她的大度、善良和宽广的胸怀。她的爱心不是口头上的，而是表现在行动上。了解这些情况的人，都不能不对她肃然起敬。

五舅妈还是一个好妈妈。她独自挑起了教养两个孩子的重任，而且克服种种困难，把两个孩子培养成才，而且都是很优秀的人才：一个是优秀的歌唱表演家，曾代表中国参加世界青年联欢节，并且担任领唱；一个是儿科专家，曾经担任过哈尔滨儿童医院副院长，掌管全院的医疗业务的领导工作。新中国成立前夕，他们一家都住在我们家里。那时我们家没有钢琴，她就千方百计想办法找到朋友盛千牟，让应锟哥去他家练钢琴。由此可见她在教育子女方面的良苦用心。

她的善良也表现在她对待亲友上。抗日战争时期，我哥哥不甘心当亡国奴，就从敌占区跑到江西找到五舅妈。五舅妈自己虽然很困难，但是还是热情地接待了他，不仅管吃管住，还想办法帮助他去了大后方。五舅妈得知我爸爸年老嘴馋想吃镜泊湖的鱼，竟然真的千里迢迢从东北托人把鱼带到北京来了。1978 年她来北京，了解我家务负担太重，女儿正在生病，年过 70 的她马上买了梨、冰糖和贝母亲自送到我家，让我给孩子煮梨水喝，并叮嘱说："这东西治疗咳嗽很有效，你不要怕麻烦，一定要天天煮给她喝。"她还马上动手给我的孩子织了两双毛袜子。回东北后，又亲手给我的女儿做了棉鞋寄来。她说："自己做的棉鞋，孩子穿着又舒服又暖和。"她和舅婆、四姨的关系都很好。来到北京以后，常常躺在床上和舅婆亲切交谈直到深夜。她还帮助舅婆提水、做家务。四姨曾接她到家里去小住，亲切交谈。

二、她是一个坚强的女性

她不仅善良而且坚强。丈夫的遗弃，给了她精神上极大的打击，但是，她没有消极悲观。她仍然自强不息，勇敢地独立承担起抚养和教育两个孩子的重任。她是职业妇女，又是家庭主妇，既当爸又当妈，既要挣钱养家，又要做饭管娃。这双重重担没有把她压垮，她勇敢地挑起重担向前冲。特别是在那兵荒马乱的艰苦岁月，一个妇道人家背着铺盖卷，提着行李，身边没有个男人帮忙，还要拉着两个未成年的孩子，真是度日如年！为了不当亡国奴，她领着孩子在日本鬼子的追赶下，东奔西跑，到处逃难，真是不容易！有一次，外出途中，遇见一个国民党的败兵，拿枪对着她逼着要抢钱财。她非常勇敢地面对，冷静地处理。她机智地趁败兵去撒尿的机会，把仅有的一点首饰和救命钱扔到了草丛里，这样才躲过一劫。面对这些困难，对于一个女人该有多么不易，要不是有坚强的意志和吃苦耐劳的精神，怎么能闯过一个又一个难关？所以，五舅妈是一个坚强的女性。

我非常敬佩五舅妈的善良和坚强。她是一个道德高尚、心地善良、意志坚强的伟大女性，她是一个伟大的母亲。在她的身上有着中国妇女的传统美德。我们要向她学习，继承和发扬这种美德。

4. 她永远活在我的心坎里

——回忆我的四姨程冠英

四姨，您离开我们已经十几年了，但每当我坐着 22 路公共汽车经过小西天时，在我的脑海里就会马上闪出一个念头："在离这不远的八道湾，我的四姨曾住在那里。"于是，您那慈祥的面容就会浮现在我的眼前，您那亲切的话语就会响在我的耳边。

四姨程冠英

一、在我的记忆里，您是一个热心帮助别人、无私关怀别人的人

二舅妈来北京没有住房，是您为她老人家找好了住房，使她能在北京定居；亲友们生了病，是您带着水果点心去看望；晚辈们生了孩子，是您带着婴儿装和营养品去帮忙；街坊邻居有了矛盾，是您去帮助调解。您和我妈虽不是同胞姐妹但胜似同胞姐妹。我妈每次来北京，您都是一次一次来看望她。您孩子多，家境并不富裕，但来看我妈时总是带着水果和点心。我妈身体不好，您像亲妹妹一样关心她。您总是问长问短，千叮咛万嘱咐，让她保重身体。特别是您对孤寡老人的关心给我留下了极深的印象。

朱婆婆是个 80 多岁的老人，她孤寡一人住在北京。您对我说："朱婆婆那么大年纪了，没儿没女，一个人怪可怜的，我们大家都要关心她。"您不仅是这样说的，也是这样做的。您经常去看望她，帮助她。每次您总是先到西单商场买点水果或是酱肉给她吃。那时每人每月凭票只供应半斤油，说实话家家油都是挺紧张的，但是您硬是从菜锅里、从自己嘴里省了油，积存了一大瓶油给朱婆婆炒菜吃。当时，您虽也是70多岁的老人了，每次到朱婆婆那里，还总是拿着水壶从后院给朱婆婆打满了水……在帮助关心别人方面您做得很多很多，您总是用自己博大的胸怀，用您的爱去关怀您所接触到的每一个人。这和那些自私自利搞实用主义的人相比真是有天壤之别。您用您的行动，用您的爱心，您的高尚品德给人留下了不可磨灭的印象，使所有接触过您的人都爱戴您称赞您。就是在您离开我们十几年后的今天，在谈到您时，大家都会竖起大拇指对您赞不绝口！

特别要提到的是您对我的关怀。60多年前我在北师大上学，学校离您家比较近。课余时间，我特别爱上您家看望您，到您家里就像回到自己家里一样。

您总是关切地问我："学习忙不忙？""身体好不好？""缺什么用的吗？"然后，您就会拿出家里最好的东西给我吃，还要提醒说："婉华，多吃点。"临走时还要嘱咐说："有空你就常来。"要是我有几个星期不去，见到我时您就会问我："怎么这么长时间不来了？""有空你就常来吃饭，家里的饭总比大锅饭要顺口些。"有一次，小偷把我放在学校箱子里的衣服全偷走了。您知道这事后，就嘱咐我一定要把衣箱放在您家里，只留换洗的衣服在身边。到换季的时候，您还会提醒我拿走该穿的衣服。

后来我结婚了，生了一对双胎早产儿，一个只有2斤多重，身体很弱，非常难带。您来看我时，把您的育儿经验和注意事项仔细地告诉我。当您听说我的孩子得了肺炎，咳嗽不止时，您给我送来了冰糖和梨，让我给孩子煮冰糖梨水喝，说这样可以止咳。您那时已是近70岁的老人，对我们晚辈还是这样不遗余力，关怀备至，真让我从内心万分感动，永远难忘！

二、在我的记忆里，您是一个识大体、顾大局的人

我记得当时您住在西城区邱祖胡同。北京市政府为了修建长安大街，搞了第一次大规模拆迁。当时许多人住惯了老地方，都不愿意搬到郊区去，感到小孩上学、大人上班都很不方便。可您的态度却不同，您带头积极支持政府的拆迁计划。为了动员大家搬家，顺利执行拆迁计划，市政府曾在长安大戏院开了个动员会。开会时，台下黑压压坐了许多人。您虽然很紧张，但还是勇敢地走上讲台发了言。您表示以行动积极支持政府修建长安大街。您讲了您打算怎样克服困难，安排好孩子上学、大人上班，表示一定响应政府号召按时搬迁。您的发言引起了一阵又一阵的热烈掌声。您这种舍小家顾大家的崇高精神，使到会的人都十分感动。您就是这样在搬迁工作中起到了模范带头作用。您的行动促进了搬迁工作的顺利进行，有利于长安大街按时建成。所以每当我走过长安大街宽阔的马路时，我都会想起您，是我的四姨在建设这条大街时做出过自己应有的贡献。

三、在我的记忆里，您是一个热心公益事业的人

您是六个孩子的妈妈，自家的家务活本来就相当重，而且当时的街道工作是没有报酬的，但是为了大家，您还是积极参加了街道工作。您是一个街道工作的积极分子，为街坊邻居，为保持社会的安全稳定做了许许多多的好事。

为了搞好安全保卫工作，您无论寒冬腊月还是炎夏酷暑，也不管刮多大风下多大雪，轮到您值班，您都戴着红袖章去值班、去巡逻。您和您的"战友"在你们管辖的地区内，使坏分子想做坏事都不能得逞；使上班的人没有后顾之忧。我常碰见街坊邻居有了困难找您，您总是放下手上的活，立马去帮助别人。婆媳不和、夫妻吵架去找您，您总是不厌其烦地一次又一次地去调解，去说服，直到他们和好为止。

您虽然是一个不起眼的普通人，但正因为您对公益事业热心，在街坊邻居中有很高的威信，他们有了困难就都"找潘大妈去"，而且最后总是得到满意的结果。您这种不计名利为他人做贡献的崇高精神使我对您肃然起敬，您值得我学习的地方真是太多了。

四、在我的记忆里，您是一个会教育孩子的好妈妈

您总是言传身教，以自己的模范行动教育孩子。您和四姨父恩恩爱爱，

互相体贴，从未因一些小事争吵，所以在您的家里充满着和谐幸福的气氛。在这种气氛中成长起来的孩子，从小就养成了关心别人，团结互助的好习惯。我无数次到您家里，从未见过兄弟姐妹之间争吵打架，我看到的是父母对子女的慈爱，看到的是姐姐对弟妹的关心。

您勤劳节俭的品德也给孩子们带来潜移默化的影响，使他们从小就树立了劳动观念，养成了劳动习惯。当时您有六个孩子，家境不算富裕，全家的吃喝穿戴都得您亲自动手。您经常做针线活忙到深夜，您亲自为几个孩子缝制新衣，以大改小，以旧翻新。您做得一手好菜，荤素搭配、粗粮细做，您用辛勤劳动使一家人过得和和美美、甜甜蜜蜜。这就在您的孩子心中种下了"劳动创造幸福生活"的种子。在您的影响下，他们从小就爱劳动。记得有一次我和应锦哥到您家里去玩，您请我们吃饺子。瞧吧！有的和面，有的剥葱，有擀皮的，有管包的，有管煮的，有拿碗筷跑堂的，没有多长时间七个人吃的饺子就摆上了饭桌。当时应锦哥很有感慨地对我说："四姑真有办法，干什么事，孩子们都跟着一起动手。"这样您就培养了他们的劳动习惯，也培养了他们团结协作的精神。在您的影响教育下，您的孩子个个都奋发向上、刻苦学习、孝敬父母、努力工作。上学时是好学生，工作中是好干部。他们都在不同的岗位上为国家做出了自己应有的贡献。这不能不说其中也有您的一份功劳和贡献。在您家里生活比较困难时，有一次我妈带我去您家玩，她很有感慨地对我说："别看现在四姨家生活困难点，但你四姨会教育孩子，他们家的孩子个个都要强。这家人将来是很有希望的。"

五、在我的记忆里，您是一个懂得统筹安排，聪明能干的女强人

您虽然没念过多少书，也没在外参加过工作，但每天有许多事等着您去做。

您要买菜做饭；您要打扫卫生洗洗涮涮；您要为孩子缝缝补补制作新衣新鞋；您要值班巡逻；您要解决街道中的各种矛盾和纠纷；您还要关心别人做好事……要说在这纷繁复杂的琐事中足以把一个人累得半死，搞得头昏脑胀。但您总是分清轻重缓急，有条不紊一个一个有序地解决。显得是那样不紧不慢，非常轻松。您不仅把家里收拾得干干净净，按时开饭，把孩子们一个个打扮得整整齐齐，而且街道工作干得也很出色。更使我吃惊的是，您竟然还能经常抽出时间去探视病人，去看望亲友。这不能不让我非常钦佩您。

您虽然不管理国家大事，您也不筹划天文地理，但您懂得在头绪繁多、纷繁复杂的生活中进行巧妙的安排，使之忙而不乱，井井有条。做到这点需要聪明才智，也需要一种会统筹安排的能力。您就具备这种聪明才智，具有很强的能力，说您是一个聪明能干的女强人真是一点也不过分。

六、在我的记忆里，您还是一个坚强乐观、心胸开阔的人

我记得您经过两次失去亲人的痛苦。您和姨父相亲相爱，有苦同当，有福同享，生儿育女，共同生活了好几十年的时光。失去这样一个最亲近的人，对您当然是一个很沉重的打击。但当我得知这个消息去看您时，您没有流泪，您表现得出人意料的冷静，只说了一句："你四姨父走了。"再一次是小连弟弟的去世。老年丧子，这不能不对您是又一次沉重的打击，您内心肯定是很难过的。

但您没有在亲友面前哭泣。我理解您内心的悲伤，但我更佩服的是您善于调节自己情绪的能力。您在出现挫折和坎坷的面前，在丧失亲人的时候，采取了面对现实的态度。您善于调节自己的情绪，您乐观地对待一切。这里表现了您的坚强和乐观，也表现了您很强的自控力。

您得过两次大病，一次是胃里长了东西，一次是脑血栓。我听说您的胃要切除四分之三，我很为您担心，对您动手术也很害怕。您对我们说："现在医疗条件好，切完了就去了病根，没问题。"您得脑血栓后已经全身不能动了，病情是很严重的。得了这么重的病又不能动，一般人都会忧心忡忡顾虑很多。但当我去看您时，您的表情中一点也没有这种情绪。我感到在疾病面前，在人命关天的最后时刻，您还是那样的坚强和乐观，这真使我非常佩服和尊敬。

四姨，从您的身上我们看到了中华民族妇女的传统美德。您给我们留下了宝贵的精神财富。我们将永远学习您的优秀品质，做一个善良、正直、诚恳、乐于助人的人。

四姨，我们永远怀念您。您永远活在我们的心坎里。

5.她大度、善良、孝敬

——记我的小姨程婉

程婉是我妈妈的堂妹。她虽然是我的堂姨，但是却像亲姨一样疼爱我。20世纪60年代我在师大学习时，不是搞运动，就是下乡劳动。说句实话，就没有学到多少东西，底子是很薄的，刚出来教课，真是困难重重。我只好到处找地方去听课。

一、小姨关心我的学习、工作和生活

正好小姨在中国人民大学工作，我在那里听完课，就到她家里去吃饭、睡觉，给她添了不少麻烦。但是每当我到她家里去时，她总是热情接待。

小姨程婉和作者

我遇见什么问题她就帮我出主意，想办法去解决，给我正确指导，使我受益匪浅。

她在生活上也很关心我。常常对我说："你刚工作，困难比较多，我条件比你好些，你需要什么东西就告诉我，我这里有的你就不要去花钱买了。"她常常打开大衣柜问我："要不要毛巾、袜子？要不要毛衣？"打开碗橱问我："要不要锅碗瓢盆什么的？"她还送给了我不少日常用品。有一次我对她说："我得了400元钱稿费，我打算用这笔额外收入买一台收音机和一块手表。"她马上打开抽屉，拿出三块新表，对我说："别再花钱去买啦！我这里有三块新表，你就挑一块你最喜欢的。"我很过意不去说："您还是留着自己用吧！"她诚恳地回答说："咱们是亲人，你怎么还和我这么客气呢？"还有一次，当她得知我的电脑常常出毛病，影响了我写东西和打讲义，就对我说："我孙子出国了，家里现在有三台电脑，明天我就让小明挑一台最好的给你送去。"这就有力地支持了我的工作和教学。

二、她是一个大度、胸怀宽广的人

在我成家后不久，生了一对双胎早产儿，加上爱人常年出差在外，使我家庭负担很重。我就很长时间没有去看望小姨。到后来，我就不敢去看她了。

我想："她一定会认为我是一个忘恩负义的人，用人朝前，不用人朝后。怎么听课就会来吃饭睡觉，现在连人影也见不着了。"一次我在大街上偶然遇见了小姨，我把我的想法告诉了她。她笑眯眯地对我说："你想到哪儿去了？我知道你很忙，很累，没有空。我也不好，没有主动去关心你，怎么能怪罪于你呢？"

我当时很受感动。小姨是多么大度，她的胸怀是多么的宽广啊！她不仅没有埋怨我，反而还来安慰我。

三、她乐于助人，克己为人

小姨对我很好，对她的亲朋好友也都很好。在她接触的人中，只要遇见困难，她一定会伸出援助之手。比如"文化大革命"期间，有一段时间，学校停发了工资。正巧这时，有一个同事的孩子要去内蒙古插队，但是没有钱准备必要的生活用品。在这万分发愁的时候，是小姨把自己并不多的存款送了过去，解决了她家的燃眉之急。她的同事感激地说："你给我们家里解决了一个大问题，我真不知道怎么感谢你。"小姨说："不用谢，这是应该的，谁都会有遇见困难的时候。"

"文化大革命"期间，有一段时间，学校停止了给员工分配住房。小姨有一个同事，已经 36 岁了，也找好了对象，就是没有房子结不了婚。小姨家里当时住的是三居室的一个单元，两个卧室还有一间书房。这时，她就主动腾出了一间房子给那个同事当了新房，从而成全了这门亲事。

四、克己为人，主动谦让

九外婆去世以后，留下了一些首饰和衣物。在分配遗产时，小姨没有首先考虑给自己和自己的后代留下些喜欢的珍贵的物件，而是全部拿出来让自己的弟妹挑选。她对弟妹说："你喜欢什么就拿什么，不要客气。"她把外婆留下的玉镯子、金表、狐皮大衣这几件最珍贵的东西都让弟妹带走。我问她："你为什么没有想着给自己的孩子留点值钱的东西呢？"她说："人情比金钱更重要。大家高兴，和睦相处，比什么都宝贵。"

人们常说："婆媳关系是最难处的。"但是，小姨和她的媳妇小白相处得就像母女一样。我只见小白不停地给小姨织毛衣，不同的颜色，不同的式样，不同的花样，有粗线的，有细线的，织了一件又一件。在一年中，每逢换季的时候，小白就忙着给婆婆买衣服，从头到脚，从里到外买了个那叫全。有一次为了给婆婆买一双号码合适、样式喜欢、穿着舒适的鞋，小白在商店里打了好多次电话来征求意见。婆婆有病住院，小白带着婆婆喜欢吃的东西多次到医院去探望。有一次婆婆病重，小白都急得哭了。小姨对媳妇也很好。她对小白非常信任，什么重要的事都托付给小白去做。她还把自己的存折和存款单都交给小白。有一次小白告诉她说存款单找不到了，小姨一点也没有责怪她。几年以后存款单才在抽屉的垫纸下面找到了。虽然几年的利息没有了，但是，小姨一点都没有埋怨自己的媳妇。总在一起住也不可能一点矛盾没有。小姨觉得阳台不封闭空气更好些，小白认为封闭阳台更干净些，最后还是封闭了阳台。小姨说："这也不是什么原则问题，封闭就封闭吧！"我问小姨："你的家庭关系为什么搞得这样好？"她说："只要互相信任，互相尊重，互相关心，互相谦让，就能和睦相处。这样大家都高兴。"

五、她孝敬，好家风已代代相传

小姨也是一个孝敬的好女儿。九外婆年老时中风了，瘫倒在床上，完全不能动弹。小姨就在外婆床边搭了一张小床，日夜精心伺候老人，精心管理外婆的吃、喝、拉、撒、睡。给她喂水喂饭，翻身按摩，抓屎接尿，洗洗涮涮。外婆白天呼呼睡大觉，晚上大吵大闹，搅得全家不得安宁，没法休息。但是，小姨从来没有嫌弃过自己的母亲。她总是耐心地看护，细心地照料。

她的一言一行给孩子们树立了良好的榜样。晚上每当她起来上厕所时，两个儿子就争着躺在小姨的床上，以便照顾姥姥，给姥姥翻身，避免长褥疮，也让自己的妈妈能得到片刻的休息，缓解一下身体的疲劳。上行下效，身教胜于言教。小姨的孩子们现在对她也特别孝敬。她的儿子张明现在虽然已经有了自己的家，但是每周总有5天陪伴在妈妈身旁，帮助妈妈干所有的家务，擦地、洗衣、买菜、做饭……更难得的是他对妈妈非常尊重，从不和妈妈顶嘴。他在采购前总是要征求妈妈的意见，想吃什么就买什么。妈妈喜欢吃的东西他就让妈妈多吃，自己很少下筷子。妈妈喜欢吃的水果他总是保证供应，他还天天扶着妈妈去散步。邻居们都说："程婉，你真是好福气，难得有这么一个好儿子。现在儿子能做到这分上的真是不多。"这种良好的家风，在小姨家里也传承着。她的孙子对奶奶也十分孝敬。每逢年节，他都要送给奶奶一个红包，让奶奶买点爱吃的、喜欢用的东西。他在国外工作时，每当回国出差，不管时间多紧，任务多重，他总是要抽空来看看奶奶。知道奶奶要装修房子，他就出钱给奶奶买了漂亮的大衣柜和舒适的床铺。他对奶奶说："要是您想买基金，您就去买。如果赚了就归您，要是赔了钱就算我的。"从这里可以看到孝敬长辈的家风已经在小姨家里代代相传了。这是一件多么令人高兴的事呀！

　　如果，每个家庭都能像小姨家这样，中华民族的优良的光荣传统就能得到传承和发扬，整个社会的道德水准也就能得到提高，实现中国梦，建立一个强大的社会主义祖国的美好理想就能早日到来。我们大家都为此而努力吧！

6. 回忆我的哥哥裘小农

——记哥哥一生光荣的生活轨迹

我的哥哥裘小农原名裘有安，当年为了逃脱国民党特务的追捕，改名裘小农。他的一生是曲折的、坎坷的，也是光荣的。他的人品是高尚的，他一生的所作所为是十分有意义的。下面根据我所知，回忆如下：

一、爱国家，奋勇参加抗战

日本对中国发动侵略战争以后，满腔爱国情怀的哥哥非常憎恨那些卖国投敌的汉奸。那时，他刚刚上初中二年级，就参加了抗日杀奸团，专门打击

哥哥裘小农和作者

那些卖国投敌的汉奸。后来，他不甘心当亡国奴，就偷偷拿了爸爸的支票做路费，经过江西等地，克服重重困难，历尽艰辛，去到大后方重庆。

为了抢运政府在国外购买的和国际援助的战略物资，我国急需修建滇缅公路。由于兵力不足，开始招收学生参加远征军。哥哥得知消息后，立即报名参加。他的英文非常好，被分配到美军将领史迪威将军下属工兵部队当英语翻译。那里条件十分艰苦并非常危险，他坚持工作好几年，直到这条公路修筑完工。这是一条诞生于抗日战争烽火中的国际通道，后来成为中国与外部世界联系的唯一的运输通道，直接支持了抗战。鉴于他为抗战胜利所做出的贡献，他接受了2015年中共中央、国务院、中央军委颁发"中国人民抗日战争胜利70周年"纪念章和5000元奖金。

二、反内战，勇敢投身革命

抗战胜利后，他考取了上海交通大学。由于国民党内部贪污腐化、民不聊生、物价飞涨，人民生活处于水深火热之中。面对一触即发的内战，学生们发动了反饥饿、反内战的"5·20"运动。上海，以交通大学为中心，学生们成群结队，走上街头示威游行，并提出要去南京请愿。警察对学生们进行了残酷的镇压，但是他们不怕警察的围攻堵截，手挽着手在街上边走边贴传单，呼口号，进行宣传。国民党抓人的车就跟在他们后面，他们说："要抓我们就全上车。"尽管哥哥没有被抓，但是事后他被学校开除了。学校的开除布告贴出后，同学们非常气愤。哥哥还在布告前拍了照片，留作纪念。大家在我们家聚集，欢送包括哥哥在内的被开除者去解放区。他们送了许多纪念册给哥哥，我记得有一本上写着："有安，坚持你的性格，为真理而斗争，白就是白，黑就是黑。"后来地下党组织把这批学生骨干送到了解放区，哥哥积极地投身到革命中。

三、勤学习，努力参加建设

北京解放时，作为军事管制委员会的成员，哥哥参加了北京市邮电部门的接管工作，并被分配到邮电部门工作。他先后做过仓库主任，503广播器材厂厂长，西安广播器材厂厂长。无论是建厂还是日常管理工作，他都勤奋努力，取得了很大的成绩。为了更好地适应工作，并把工作做得更好，他刻苦钻研，经常埋头学习到深夜。他英语基础很好，又自学了俄语和德语。不仅如此，还努力学习马列主义理论、逻辑学等理论以及工作所涉及的理论与知识。他宽广的知识面为他的工作打下了良好的基础。后来，他被调到武汉邮科院情报所任所长。他领导大家把反映国外先进技术的文件、资料翻译成中文，为我国邮电科技事业的发展做出了贡献。

改革开放后，邮电部多次派代表团到欧美考察，哥哥都担任翻译。邮电部也曾多次派人出国深造，进行人才培训。派出的人出国前都会到哥哥这里学习英语口语，哥哥努力帮助他们过"语言关"，排除在国外学习的"语言"障碍。

四、教英语，积极度过晚年

改革开放，打开国门，对外交流多了，英语学习就变得很重要和必要。为此，哥哥退休后的十几年里，一直没停地连续举办了十几个英语班，有邮电部送来的派到国外深造的教授、讲师的出国培训班；有青年英语培训班；有口语班，等等。为了提高办班的质量，他还千方百计地聘请外教到班里讲课。在接待外教方面花费了大量的精力，做了很多工作。

哥哥虽然年事已高，但是不顾自己年老体弱多病，有时一周要上18节课。嗓子哑了，就用胖大海泡水来润润嗓子，继续讲。直到年纪更大，耳朵背，听不清声音，才停止了办英语班。转而又配合帮助我嫂子办的法律班、图书馆班、机电班做工作。他把自己的晚年献给了他热爱的教育事业。

抗日战争胜利70周年纪念章

五、爱家人，真诚关爱他人

哥哥对母亲十分孝顺，对两个妹妹非常宽厚，而对自己却很"苛刻"。他的生活非常简朴，真正做到了克己为人。20世纪50年代，他的工资有90元，但是母亲和我们姐妹的生活费都是他给。他每月给母亲40元直到母亲去世。他每月还给正在上大学的我姐姐20元，给正在上中学的我15元，留给自己的还不到20元。如果不是哥哥的帮助，我和姐姐都读不了大学。可以说，没有哥哥就没有我们今天的幸福生活。但是，每当我们表达谢意的时候，

抗战胜利七十周年国家发给裘小农的奖章

他总是笑着说："别老说这个了，难道哥哥帮助妹妹是不应该的吗？"直到现在，他还让嫂子给我存点钱，他说："婉华心脏不好，要是做支架手术，会花很多钱。她有个残疾孩子，为她存点钱，在她需要的时候拿出来帮助她。"他知道我喜欢打电话，就在我去武汉前，买好500元的电话费，让我随便打。怕我受热，专门在我住的房间安了新空调。平时他也总是关心我的身体、工作和家庭。

他不仅是好儿子、好哥哥，还是个好丈夫、好父亲、好祖父。身为领导干部，在家里，很体贴妻子，什么家务活都干，修修补补、洗洗涮涮、刷锅洗碗。他爱孩子们，但是对孩子要求也很严格。要求他们有良好的思想品德，要有刻苦学习的精神。而孩子们遇到困难的时候，他会伸出援助之手。他女儿在国外生孩子时，他已经70多岁了。他不仅去国外帮助带孩子，而且还主动把孩子带到武汉照顾。因年事已高，一次抱着孩子时，不小心摔了一跤。为了保护孩子，他宁愿自己摔得不轻。

他不仅爱家人，对周围的人也非常好。唐山大地震时，他的同学夫妇双

双去世，两个孩子受了重伤，他得知后马上寄钱让他们养伤。过去调整工资是有名额限制的，他就多次把机会让给其他同志。其他人遇见困难时，他总是伸手相助。

六、嘱身后，从简再加奉献

很多人临终会把最重要的事情和最后的希望写在自己的遗嘱里。哥哥在最后的时刻，嘱托给我们的是他对家人，特别是晚辈的期望与关爱，还有他完全献出了自己。他在遗嘱中写道："1. 丧事从简，不搞任何仪式，不收任何礼物及捐赠（包括花圈）。2. 遗体捐献（已办好手续）。3. 积蓄切勿浪费，应用于必要的养老、医疗保险及孩子的教育费用……孩子们应是爱祖国、有文化、有知识、有教养素质的人。"

由此看出，他最后希望是：

第一，让自己的遗体为医学做出最后的贡献。

第二，不给别人添麻烦，不搞丧事大操大办。

第三，不挥霍浪费，把有限的资源用在保障正当生活、消费及孩子们的教育上，希望孩子们能够健康成长。

哥哥走了，留给了我们无尽的思念。哥哥的一生是爱国者的一生，是追求进步的一生，是为国家做贡献的一生。他朴实、节俭、甘于奉献。他严格要求自己、廉洁自律、勤奋工作、关爱他人。他对自己的后代不仅严格要求还真心关爱，殷切希望他们成为对社会有用的人。他是一个心有大爱的人，他的优秀品质是我们学习的榜样。

7. 沉痛悼念我的姐姐

——记婉畴姐和我的亲情

得知我亲爱的姐姐已经与世长辞，我十分悲痛。特别是我的老哥在此前20 天也离开了我们。在这短短的 20 天之内，一下子就失去了两个亲人，我真是难过到了极点。我妈妈一共养育了我们三个亲兄妹，现在他们都走了，就只剩下我孤零零的一个人了。 拿起电话，打开微信，再也听不到他们两个亲切的话语，再也感受不到他们两个对我无微不至的关心，这怎能让我不泪流满面呢？我姐姐在家里和我共同生活的时间最长。在这一特殊的时刻，只要我闭上眼睛，她的言谈举止、音容笑貌就会浮现在我的眼前。

一、童年时"欺负"我，长大后关心我

我记得小的时候，我年纪小跑得慢，姐姐拉着表哥就一起耍弄我。他们两个伸开双臂一边飞跑一边高声喊叫："我们飞上天了，我们不带你去。"我在后面紧追，也赶不上。一会儿他们就不见踪影了。实际上他们从屋前跑到房后又转了回来。然后他们说他们在天上玩了什么好玩的，吃了什么好吃的。要我以后听他们的话，他们才带我飞上天去。我很羡慕他们，所以，一切行动都听从他们的指挥了。

二舅母有一次给我和姐姐一人五把丝线，让我们学绣花。姐姐就对我说："我们两个的

姐姐裘婉畴

合在一起，这样什么颜色都有了。你要用就找我要。"我就全交给她了，以后要用就得她批准了才行。就这样，她就牢牢地掌握了"领导权"，我什么都要听她的指挥。小时候，她就是这样"欺负"我的。

长大了，她却很关心我。记得我在重庆，开始上巴蜀小学一年级的时候，早晨上学前，她提前告诉我要带些什么学习用具，并且帮我检查了一遍。她还倒了一杯开水，让我喝；她拿痰盂，让我尿尿，然后就拉着我去学校了。她一直把我送进了教室。怕我饿了，路上还塞给我一封糙米糖。作为姐姐，她对我真够尽责了。

20世纪50年代初期，姐姐在菜园胡同北大医学院上大学，我在南长街北京女一中念高中。星期天，除了去二舅母家外，她总是要我到他们学校里去玩。每次去她都要问我："学校的伙食好不好？学习忙不忙？你腿不好要保暖。"中午，她就从一月仅有的20元生活费中拿出钱来，带我到饭馆去打牙祭吃饺子。

现在我们虽然远隔千里，我在北京，她在成都，但是她无时无刻不在惦记着我。我关节疼，她给我寄来了治疗仪器和膏药；我心脏有病，她多次给我寄来了药，还千叮咛万嘱咐，让我一定要遵医嘱，按时服药，吃药一定要按说明书吃，该饭前吃就一定要饭前吃，该饭后吃就一定要饭后吃，否则疗效就不好。每次我生病她都急得不行，主动给我寄钱，不要还不行。她病了，我表示点心意，她就统统给我寄回来。她的工资比我低，可是她总是说："你身体不好，又有一个哑巴小孩，你比我困难，我不能花你的钱。"

姐姐常常在超市参加比赛，无论得了什么奖品，都想着要送给我。有一次她到北京来参加校庆，她不顾年老体弱多病，不辞辛苦，给我带来了那么多东西，有仪器、有保健品、有里面放满了药的枕头、有手巾，甚至还把洗头水都带来了好几瓶。我开玩笑地对她说："你怎么不把你家里的东西都给我搬来呢？"这些虽然是些小事，但是表现了她处处都在关心我，表现了她对我的亲情。

二、她工作勤勤恳恳，为医药事业的发展做出了贡献

姐姐从小就得了严重的肺结核病，吃尽了苦头，经常咳嗽，有时还大口地吐血，出现了全身乏力、贫血、头晕。这使她非常苦恼，于是她立志要搞医药，使病人尽快恢复健康。在高中毕业时，她身体并没有完全好，还落了许多课。为了考上北医，她抓紧时间，刻苦学习，终于考上了她理想的北大医学院，走上了为病人减轻痛苦的第一步。入学后，她身体仍然很不好，上述症状依然存在，有时还晕倒。由于她咬牙坚持学习，还取得了不错的成绩。

大学毕业后，她服从组织分配，到安徽工作。结婚后，组织上为了照顾夫妻关系，她被调到了上海抗菌素研究所工作，从事新药的研制。1965 年，她响应国家号召，全家随单位内迁到成都市。她在抗菌素工业研究所工作，专门从事抗生素研制和检定。在工作中，她埋头苦干，整天在实验室里做实验。有时为了观察实验结果，连家也不回，就在实验室里的实验台上睡觉。后来她生了一对双胞胎，家务负担马上成倍增加。为了不影响工作，姐姐很早就把双胞胎送进托儿所。回家后，姐姐和姐夫每人管一个孩子。任务紧张时，他们是一边抱孩子一边看书。有一次为了让孩子不影响他们的工作，就让孩子一人手上拿一个玩具。阿大拿的是一支带橡皮头的铅笔，她把橡皮头都咬断了，他们才发现。看！他们就是在这样艰苦的条件下，克服困难，搞好工作的。从这里不难看出他们对工作有高度的责任感和敬业的精神。

姐姐常常对我说："我们搞药关系到人的生命，容不得半点马虎。搞定量分析一定要非常准确。"姐姐平时在自己生活上是很马虎的，但是在工作上却是这样的一丝不苟，认真负责。

功夫不负有心人。通过不断地钻研和努力，姐姐在科研上，在学术上，在培养人才上都取得了可喜的成果。她在著名的杂志上发表了论文十几篇。她的优秀论文《多抗甲素的制备》，被编入《科学技术论文库》。1969 年，她全程参加了热稳定性抗生素的研发，这是新中国成立以来，伟大科技成果之一。当时正值召开党的九大，为庆祝九大的召开，取名为"庆大霉素"。

她和同事们还研究成功了"多抗甲素""利福平"，还把"卡那霉素"等新药引进了中国。所以，在抗菌素的研发方面她是做出了贡献的。

有一阵子，有的药厂生产的旧产品卖不出去，工厂濒于破产的边缘。厂家请姐姐和她的同事去帮助研发新产品。经过一段时间的努力，新产品研发出来了，从而救活了这个药厂，受到厂方和工人们的热烈欢迎。她还常常帮助厂方和地方培养医药人才，为医药事业的发展做出了自己应有的贡献。

三、她重亲情，爱亲人

我姐姐是个非常热情的人，对别人的事都很关心。无论哪个亲戚得了病，她都会想办法尽力去帮助。在得知某个亲戚得了什么病以后，她就会把治疗这种病的新药介绍给她们，有时还自己花钱买了药寄去。移居国外的亲戚有病，她也会买了托人带去。她这种助人为乐的精神得到许多亲友们的赞许。

她搞药物新产品研发和推广时，经常到外地出差。工作之余，绝大多数人都会抓紧时间去旅游，但是我姐姐却抓紧时间去拜访在当地居住的亲友。有时候，不知道地址，就到派出所去查询，然后约好地点在一块儿聚会，大家在一起谈笑风生，其乐融融。

很多亲人因为种种原因，长期失去联系，姐姐就给他们牵线搭桥，使他们久别重逢。像应钿姐和张坚弟等，虽然是同父异母的亲姐弟，但是从未见过面，经过我姐姐的牵线搭桥，就得以团聚了。这种事情她做了多少，数也数不清。

有些亲戚在运动中受审查，她不怕牵连，照样前去拜访。例如帅能素被打成"右派"，正在接受审查，挨批斗的时候，我姐姐照样找上门去看望他，使他十分感动。

她觉得程家人人品都很好，家风也很好，应该搞个家谱。所以，很早她就着手把她知道的二房的人收集起来交给了家族委员会。

以上事实表明我姐姐是一个热心肠的人，是一个重亲情、爱亲人的人，是一个热心公益事业，助人为乐的人。

四、她是一个心胸坦荡、勤俭节约的人

姐姐的性格比较直率，从不隐瞒自己的观点。她不怕得罪人，对一些看不惯的事情，敢于批评，敢于发表自己的意见。她从不对领导溜须拍马，在工作中有意见就会直接提出，坦率地说出自己的意见。这些都表现她是一个心胸坦荡的人。

她一生勤俭节约，从不乱花一分钱。孩子小的时候，衣服都是自己制作。我曾经看见过，在她忙的时候，一边走路一边还在给孩子织毛衣。她把线手套拆了给孩子织冬天的袜子。她自己很少买新衣服，需要买时，也总是在换季减价时去买，有时候就买一些处理的衣服。她自己的饭菜也很简单，有时候　点泡菜加点米饭也算是一顿。她吃炒萝卜，会把萝卜皮留下来泡泡菜吃。姐夫曾经对我说过：“在裘婉畴那里就没有浪费的东西。”

总之，我的姐姐是一个踏踏实实、勤勤恳恳、爱岗敬业的人，是一个对我国医药事业有贡献的人。她把自己毕生的精力都奉献给了我国的医药卫生事业。

姐姐也是一个重亲情、爱亲人、乐于助人的人，是一个有坦荡胸怀的人，是一个勤俭节约的人。今天我们悼念她，就是要继承和学习她的这些优秀品质。安息吧！亲爱的姐姐，你永远活在我的心中。

8. 她是一个又善良又敬业的白衣天使

——回忆我的表姐程应钿

我的表姐程应钿是一个儿科医生，她毕业于沈阳中国医科大学，是新中国培养出来的第一代医生。她学习努力，工作认真，她把自己毕生的精力全部献给了儿童的健康事业。被她救活的病儿不计其数，因此受到家长们的一致好评。

一、她一直战斗在医疗第一线

表姐程应钿热爱自己所从事的医疗卫生事业。她不辞辛苦，一直战斗在医疗第一线。在她担任哈尔滨儿童医院副院长，主管医疗业务，工作极为繁忙期间，也坚持出门诊，从未脱离过医疗第一线。她经常查房，对危重病儿的治疗和护理特别关注。

表姐程应钿和作者

有一次她在检查危重病号时，发现有一个外地转来的得了"肺炎"的孩子，奄奄一息，呼吸极为困难。经过反复检查，她认为病儿得的确实是肺炎，但是是很轻的肺炎。她分析这种很轻的肺炎，不至于导致孩子呼吸如此困难，她怀疑有可能是气管异物堵塞。于是，她找到家长反复询问，她最近是不是吃了什么硬东西，堵上了气管？家长说："她曾经吃过葵花籽。"于是，她当机立断，马上请来了耳鼻喉科大夫，给孩子用气管镜进行检查，发现就是有一颗葵花籽壳，泡胀了，把气管堵住了。当大夫用气管钳把葵花籽壳取出来后，孩子的呼吸马上就恢复了正常，从而转危为安。第二天病儿

程应钮在给孩子看病

的老奶奶背了一面口袋新棒子和一书包毛豆来到医院。她说："我一定要找到那个白头发的程大夫，是她救了我孙女的命。"表姐节假日经常都是在医院里度过的。由于她严格管理，所以使很多危重病儿，经过精心救治，都转危为安。以上事实说明她是一个很有敬业精神的好医生。

二、风雪夜晚去出诊

应钮姐不仅关心那些住院的危重病儿，还惦记着那些患肺炎的在家里的孩子。她琢磨着，哈尔滨冬天很冷，孩子出门打点滴一定会着凉，这样势必加重病情。所以她在忙碌一整天之后，经常顾不得休息，冒着满天飞舞的鹅毛大雪，顶着呼呼的西北风，在晚上背着药箱到病儿家里去义务出诊。她为他们检查病情；给他们输液打针；告诉家长护理时的注意事项；安慰家长们不要着急。在她的无微不至的关怀下，很多孩子恢复了健康，家里又充满了欢笑声。

不少家长非常感谢她，少不了要送点礼物来表表心意，她总是婉言谢绝。她说："我是儿科医生，为患儿治病是我义不容辞的责任。"她不仅是个医德高尚、医术精湛的好医生，也是医务界助人为乐的好榜样。她从医近40年，救活了无数个孩子，因而得到广大家长们的爱戴。难怪在她走的那

天，有600多人赶来为她 "送行"，其中就有很多是她抢救过孩子生命的家长。

三、她关心周围的人

她的善良不仅表现在对病儿的态度上，也表现在她对亲人和周围人的关怀上。

她不仅是个好医生，也是一个孝敬的好女儿。20世纪90年代初，她积劳成疾，患有癌症而且全身转移。在这种情况下，她还带病细心周到地照顾年迈患有脑血栓的老妈妈。她为她调剂药物，打针输液，做有营养的食物，喂水喂饭，洗洗涮涮……能做到的她都做到了。

1993年，她来北京看病。在自己重病缠身的情况下，她还在关心着我的身体和家庭。当她看到我的家庭负担很重，身体又很不好，她忘记了自己的病痛。对我说："我有许多同学在北京，他们都是医生，哪科的都有，如果你治病遇见困难，可以去找他们，他们一定会帮助你的。"说完，她就找我要了一摞信纸，给她的同学们写信。她在一张张信纸上写上她同学的姓名，她写道："我表妹得了病，希望你能给她帮助。"看到这一叠没有写完的空白信纸，我被深深地感动了。当她了解到我们家里存在着一定的矛盾，返回哈尔滨后，她主动写信给我，给我出主意，告诉我怎样正确处理和解决这些问题。在一个人自身患重病，处于生死存亡的危险时刻，她忘记了自己的病痛，还在时时刻刻关心周围的人，这是多么高贵的品格呀！她的崇高精神值得我永远学习。我为我有这样的表姐感到骄傲和自豪。

9. 对孤寡老人要尽一份责任

——我应该给邓婆婆养老送终

我有一个远房亲戚邓婆婆。她从小照顾过我，后来她一直和我妈妈在一起生活，妈妈病重后她又照顾过我的妈妈。妈妈临终前嘱咐我说："邓家人很可怜，没儿没女，你要为她攒足 2000 块钱养老钱，还要给她养老送终。"

1961 年，我妈妈去世后，遵照妈妈的教导，在分割财产时，我们兄妹，考虑到她无儿无女，又没有固定的工作，只是靠做小时工赚点钱养活自己，生活上肯定会出现困难。为了保证她的基本生活，我们做出了以下决定：1.把房子留给她住；2.把大部分家具留给她用；3.她也作为家庭的成员参加

二排左一邓竹林婆婆

财产的分割；4.每月由我寄10元给她作为生活费的补充（当时我的工资是46元）。最后，我自己决定，把分给我的那一份东西也由她享用。以后，她自己单独生活了6年。1968年我结婚以后，她就主动来到我家里居住，后来我有了孩子，她就帮助我带小孩，她对我们家是有贡献的。

20世纪80年代以后，她年事已高，身体逐渐衰老，得了很多病，丧失了劳动力。在这种情况下，我应该怎样对待她？是把她送回老家？还是为她养老送终？这是摆在我面前不能回避的问题。我想，她虽然现在什么都不能干，但是她过去曾经帮助过我们。她无儿无女，虽然有兄弟但远在农村，也指望不上。作为一个老人让她今后怎样生活下去呢？她虽然不是我的亲生母亲，在法律上，我是没有责任的，但是从道德上我是有义务的。再说，谁都有老的时候，老人是弱势群体，我们应该关心她，助她一臂之力，而且妈妈早有遗言，让我给她养老送终，所以，我决定让她在我家继续和我们一起生活，并答应给她养老送终。

1986年，她脊柱侧弯更加严重，以致卧床不起，拉屎撒尿全在床上。与此同时，我的父亲和我的后妈也卧床不起，他们在北京也没有其他子女，我也得前去照顾。他们三个人在两年之内，一个一个先后躺下，一个个去世。当时的困难是可想而知的。我一方面要上班，要教课，另一方面家里没人能帮忙。全家五口人，一个常年出差在外，一个哑巴，生活不能自理，女儿只有9岁也得要人照顾。家里躺着一个，外面还躺着两个。当时要做的事情实在太多，除了正常的家务外，还要买药、采购、送医院、陪住、送火葬场……我整天要在四个点穿过北京城来回奔跑，一天也就能睡上3－4个小时。当时也没钱请保姆，只请了一个小姑娘中午给邓婆婆喂饭，扶她上厕所。我一回家，就看见一大盆尿布等着我去洗。要做饭，要抓屎倒尿，又要备课，现在想起来也真是不容易。有一次邓婆婆好多天解不出大便来，肚子鼓鼓的，脸上表现出非常痛苦的表情，我就马上打电话给一个从事护理工作的朋友，请她来帮助解决这一难题。我用两只手托着她的屁股，我的朋友用针管把甘油注射到她的肛门里，不一会儿大便就哗哗地拉出来了，溅了我和朋友一身，但是，我们看着她摆脱了痛苦后高兴的样子，也顾不得又脏又臭，心里反而感到轻松和快乐。面对困难，我常常鼓励自己说："没有过不去的火焰山，我绝不能倒下，坚持就是胜利。他们还需要我照顾呢！""再说困难和挫折往往是一笔宝贵的财富，它能把我锻炼得更坚强。"这样也就顶下来了。我还想"邓婆婆没有亲人在身边，在她病入膏肓，最困难的时刻，我一定要像亲人一样对待她，让她安度晚年"。后来，她病重了，我送她去了康复医院治疗，天天去看她，给她做好吃的，给她梳头、洗脸、洗脚，让她尽量感觉舒服些。她当时身上插着两根管子，一根输氧气，一根输药液。有个医生问我："她是你的什么人？"我说："是远房亲戚。"医生说："她没多大希望了。我看你也是个中年知识分子，也没有多少钱，你拿个方案吧！是继续输液，还是拔管子？"我对医生说："按常规处理，该怎么治就怎么治，找人借钱也要救她的命。"我心里明白。如果把管子拔了，马上就会结束她的生命，那我就会又省钱又省事，但是于心不忍，所以我宁可花钱，不能在良心上留下任何遗憾。最后，该用的药和该抢救的方法都用了，虽然也没能挽救她的生命，但是我该做的我都做了，心里也就觉得对得起她了。最后，她在回光返照时，清醒地对我说："我把你累苦了。哪儿都不如你家里好，谁都没有你对我好。"她能安详地告别这个世界，我也就不留什么遗憾了。我之所以能这样对待她，是妈妈对我教育和要求的结果。

　　总之，按照生理规律，人的一生都会经历儿童时期——少年时期——青年时期——中年时期——老年时期，人人都会变老，这是不可抗拒的自然法则。老年人在他们的一生中，一般情况下，都会对家庭对社会做出自己的贡献。在他们老年时期，在他们成为弱势群体时，理应得到家庭和社会的关爱，这是中华民族的光荣传统，也是我们每一个人应尽的义务。这个光荣传统我们应该继承和把它发扬光大。

10. 老寿星程应锦

——她为什么能活100多岁

　　江西南昌外婆程家有一个老寿星，名字叫程应锦。她今年已经105岁了，而且身体健康，头脑清醒，常接触的人还能认识。她常常念叨她的妈妈、婆婆的名字。给她看她的妈妈的照片时，问她："这是谁？"她清晰地回答说："我的娘。"她为什么能这样健康长寿呢？

105岁的老表姐程应锦

　　这与她的品德和修养是分不开的，也和她的和睦团结的好家风是分不开的。老寿星是一个开朗、善良、宽容的人。她严以律己宽以待人，她总是念念不忘别人的好处。在别人面前她总是说儿媳妇怎么怎么好。这个人、那个人有哪些好处。大儿媳妇孔祥芬一连生了三个女儿，她自己心里都有点内疚。应锦姐却不仅没有怪罪儿媳妇反而劝她说："男孩女孩都一个样，你年纪轻轻怎么还这么封建？"她不仅帮助儿媳妇买菜做饭、照顾孩子，每月还拿出自己工资的三分之一（20元）支援儿媳妇，帮助他们克服困难。由于她的关心和体贴，婆媳关系就如同母女。在她年迈体弱的时候，身为医生的儿媳妇对她也是关怀备至，照顾得非常周到。每当她知道婆婆生病，无论严冬酷暑，还是白天黑夜，她都会风雨无阻，马上赶到。她给开药方，打点滴，忙个不停。而且几乎天天去观察，根据病情的变化调整治疗方案。所以这些年来老寿星就从来没有去过医院，有病都是在儿媳妇的精心治疗下好转的。她不仅给婆婆治病而且还亲自给婆婆做衣服，对老人特别孝敬。

应锦姐和小儿子思远住在一起时，帮助他们看孩子，小儿媳妇就买菜做饭，她俩配合得非常默契和融洽。分开住以后，思远每天早晚都去看妈妈。帮助家里采购物品，修理电器，主动找活干，尽自己的一份孝心。小儿媳妇奚正玉想尽办法安排好婆婆的饮食起居，让每顿食物又有营养，又容易吞咽和消化。早餐安排燕麦、枸杞、鸡蛋、芝麻、核桃打的粥；中饭和晚饭常常调换着花样吃，做到荤素搭配，花样翻新。

女儿思群很少出去旅游甚至很少出门，她整天陪伴在妈妈的身边和小阿姨一起照顾妈妈。妈妈生活上出现什么问题，她都出主意想办法去解决。在天津工作的思庄每年都在10月底回家照顾妈妈，以减轻弟妹的负担。

应该说，小阿姨刘兰英对老寿星也做出了自己的贡献。她对老人非常耐心，往往喂一顿饭就要1-2小时，她总是想方设法让老人能吃进去。她不怕脏不怕累，洗洗涮涮，给老人搞得干干净净。

全家人对小阿姨也就像自己的亲人，把她的困难当作自己的困难。当小阿姨的妈妈病了，弟弟出了工伤，他们不仅出钱帮助，而且大儿媳妇还亲自送医上门，为他们治疗。女儿思庄每次回家总要给小阿姨带一份礼物，表示对她的感谢。这样小阿姨和全家的关系就是一种团结互助的亲人般的关系。这种良好的人际关系对老寿星的健康长寿也起了很好的促进作用。

我们预祝老寿星身体健康、生活幸福！我们也要学习老寿星家的好家风——孝敬老人、团结互助，并代代相传，发扬光大。

11. 他们很体贴很孝敬

——记女儿陈阳和女婿岳军为我们做的一些事

　　我的女儿陈阳嘴不甜，说话比较冲。女婿岳军性格内向，平时很少说话，也很少和我聊天，这些使我不大习惯。但是通过许多事实，使我改变了对他们的看法，我感到他们的心地是善良的，对我们是非常孝敬的。

一、女儿打来的电话

　　每年夏天北京常常下暴雨，冬天又常常下大雪。每当这节骨眼，女儿一准会来电话。她在电话中大声喊道："妈，天气不好，地上滑，千万别出门，可别摔跤。我这就给你们送吃的去。您还缺什么，就说话，我一定买全了给您送去。"年年春节前夕，他们就会把蔬菜、水果、米面、肉食送过来，甚至于把油、盐、酱、醋、糖买得那个全乎。冰箱里装得满满的，阳台上全是吃的，我一直吃到初十才出门采购。平时每当女儿去超市，她就会来电话，问我想要买什么。每当母亲节和我们过生日，他们都会买些我们喜欢吃的东西，和我们共进晚餐，或是带我们出去美食一顿。女婿每次回老家或是出差，总要带一些当地的土特产，什么咸鸭蛋、银鱼、螃蟹等，让我尝个鲜。我们现在老了，他们更是体贴入微。女儿说："你们年纪大了，重的东西拿不动，每个星期您从微信里把要买的东西发过来，我网购好了，给您送过去。"由于他们的关心和帮助，我感到无比温暖，也给我解决了许多困难。

二、重病期间见真情

　　2011年我得了严重的骨关节炎，不仅下不了楼，连站都站不起来，靠自己去医院看病根本就不可能。这时，我女婿来到家里，他说："妈，我带您去看病。"他不怕累，不怕苦，把我背下了楼，开车送我到北医三院，用轮椅推着我去看病。这使我非常感动，就是亲生的儿子也不一定能做到这分上。在他的关心和帮助下，我通过药物治疗，病情得到了好转。现在我完全能够生活自理，还能独自出门乘公交车去医院，去银行，去超市，办理各种事情。我从内心感谢我的女婿对我这样孝敬。

女儿陈阳女婿岳军小外孙岳雨锋

2014年年前，我老伴突然说话不清，行动不便，经检查，确诊为"脑梗"。住院需要两万元的押金。我打电话给女儿，她立马就送来了钱，并且马上催促我赶快回家休息。以后，办理住院手续，买饭票，请护工，陪床等所有的事都由女儿女婿全权办理。女婿对我说："您岁数大了，又累又着急，别再病倒。有事找我们，我们年轻。"为了给爸爸治病，女儿花了2000多元买了安宫牛黄。2017年老伴两次旧病复发，比较严重。女儿不仅车接车送，陪伴看病，而且给爸爸喂水喂饭。女婿说："我们家里有电梯，爸爸行动不便，干脆上我们家里去住。"他们平时工作很紧张，让他们这样受累，我很心疼他们。我说："这回可把你们累坏了，可别累病了。"女儿说："你们辛苦了一辈子，尽了几十年的责任，这回该我们尽点责任了。"女婿说："您岁数大了，应该多休息。我们年轻，干点活是应该的。有什么事您就言一声。"后来女儿怕她爸爸摔跤，还买了好几种拐棍和轮椅。她还经常打电话，跑回家来看望和问候，并且常常帮助我们做一些我们力所不能及的家务事。他们的孝敬和帮助，使我们克服了一个又一个前进中的困难，渡过了一个又一个难关。

三、女婿是我们难得的好帮手

居家过日子，总会遇见许多困难。这些事常常给老人带来不少烦恼。我们家的女婿可给我解决了不少问题，是我们的一个好帮手。虽然他不爱说话，但是，干起活来不仅热心还是一把好手。

9年前，我女儿看我的厨房又脏又乱，决定给我装修厨房。施工中，除了找帮工，好多事都是女婿利用假期干的。他不仅帮助买建材，还帮助吊顶、刷墙、贴瓷砖。在装修过程中，我为了使用方便，不断向女婿提出各种要求，光是钢管先后就要求他安了6根。有厨房挂炊具的，有洗澡间挂衣物、挂手巾、挂抹布的，有阳台上专门晒袜子的。这给他添了不少麻烦，但是他都耐心地按照我的要求做到了，使我非常满意。女儿还花钱给我换了新的洗衣机、热水器和油烟机。装修后我的厨房焕然一新，使用起来很方便。

平时，水管子坏了，马桶堵了，门锁坏了，电器出问题了，只要我一打电话，提出什么要求，女婿从来都是有求必应，立马去商店买了材料，来家给我解决问题。干完后，临走时还要嘱咐一句："您试试，要是有问题就给我打电话，我再来。"有一次我柜子坏了一个合页，他就把所有的合页都给我检查了一遍。我们楼下地下室住了不少餐馆的服务员，他们回来得很晚，而且又吵又闹；隔壁还有个神经病人，半夜经常大声喊叫，使我难以入睡。女婿怕影响我的身体，先是邀请我到他们家里去住，后来又请人帮助我安了双层窗来隔音，解决了我的一大难题，保证了我的健康。他真是真心实意地帮助我，给我解决了一系列问题，他真是我难得的好帮手。

四、他们疼爱残疾哥哥

我的儿子是个残疾人，未婚，不仅聋哑而且弱智，一直和我住在一起。我的女儿、女婿对这个残疾哥哥不仅不嫌弃而且倍加爱护。回家后，女儿经常帮助他打扫卫生，给他买吃的、穿的。每当换季时，就给他买衣服、裤子、鞋袜。每个周末回家时，还总是要带一些他喜欢吃的东西。有时，在春节，还接他去家里小住几天。一方面让我休息休息，另一方面让哥哥换个环境。有时还开车带他出去兜风，让他开心。因为妹妹、妹夫对他特别好，所以我儿子只听妹妹的话。他只要知道妹妹要回家，就买好吃的在家里等着他们。女儿开通了ipad，用手语和他对话，帮助他解决想不通的问题。哥哥有糖尿病，但是他不愿意吃药，妹妹来了，就喂他吃药，还告诉他不吃药以后眼睛会瞎，还可能锯腿。女儿说："哥哥是残疾人，怪可怜的，我以后要好好照顾他。"我本来觉得有这样一个残疾孩子，就是死了都闭不上眼睛，但是现在女儿对哥哥这样好，这就在很大程度上解除了我的思想顾虑。我为我有这样的女儿女婿感到欣慰和高兴。

五、陪我去看望舅舅和大姨

2017年10月，我的哥哥和姐姐年迈，得了重病，危在旦夕。女儿说："您一个人外出，我不放心，我请假陪您去看望他们。"2017年10月6日，我哥哥突然病逝。她先陪我去武昌，看望和安慰我嫂嫂。她说："舅妈已经90岁了，咱们不能再麻烦她，咱们在外面吃住。"我同意她的意见。在武汉，安慰完我的嫂嫂后，女儿提议说："咱们得去成都看看大姨，她病得也不轻。"我们马不停蹄地坐飞机去了成都。女儿拿出来2000元，请姨父买点营养品孝敬大姨。她又对我说："大姨病重，我们也不能在她身边照顾她。给护工点钱，让她好好照顾大姨。"立马她就从口袋里掏出了500元，递给了护工。

一路上，她对我照顾得很周到，箱子、提包都不让我拿。办理各种手续她都一个人去办，让我找个地方坐下歇着。到饭店吃饭，她都问我："您喜欢吃什么，能吃得动什么，您就点什么。"我舍不得点好菜，觉得花钱太多了。她说："您这么大年纪了，我很少带您外出，多花点就多花点，用不着那么节约。"

到成都的那一天，下起了大雨，衣服带得不够，感觉有点冷。她马上带我去超市，花了500元，买了一件很薄的羽绒服给我穿上，还高兴地笑着说："穿上这件衣服，您显得年轻了好几岁。"在武汉，她为我定了五星级酒店。住两夜花了1000元。我批评她太大手大脚了，她委屈地说："我不就是为了让您住得舒服点，让您开心地见见世面吗？您还批评我。"

这次整个行程，前后她为我花了一万多元。处处都愿意让我高兴。我感到她真是个孝敬的好闺女。

六、可爱的小外孙

父母是孩子的第一任老师，也是孩子的榜样。孩子的模仿能力是很强的。

在父母的影响下，我的小外孙从小就知道关心我们。在他5岁的时候，有一次我去他奶奶家里做客。我去厕所，不知道电灯的开关在哪儿，我就摸黑进了厕所。小外孙看见了就大声嚷嚷说："您怎么不叫我给您开灯。"我离开他奶奶家时，小外孙一直跟在我后面，快到门口时他突然蹿到我前面，大声说："小心点，这儿有几个台阶，别摔着。"还有一次，我打电话告诉小外孙说："你们今天别来了。我感冒了，别传给你们。"他马上回答说："用给您送点药吗？"现在小外孙已经12岁了。来我家时，看见我要睡午觉，也没有人叫他，他就会把窗帘给我拉上。这使我十分感动。年龄不大的男孩竟然会这样体贴和关心我们老人，真是很难得。我觉得这和父母的作为和榜样是分不开的。

通过一系列的事实，透过现象看本质。我觉得不能光看表面现象，也不能只看嘴上说话甜不甜，主要要看他们是怎样做的。我觉得孩子们确实是长大了，他们很有孝心，很敬重老人，也很关爱有残疾的哥哥。他们的心地都是很善良的。

他们做事不怕苦，不怕累，想得很周到。他们的行为使我打消了养老中的许多顾虑，克服了悲观情绪。是孩子们的孝心给了我极大的温暖和安慰。我感到我并不是孤单的，孩子们在关心我，帮助我，这使我对今后的生活又充满了信心和勇气。

12. 分家过程中的亲情

——我们是这样分家的

　　人去世以后都存在着一个亲属们对死者生前财产分割的问题。在对待这个关系到每个人切身利益的问题上，反映出不同的价值观和不同的道德观。有的人是互相谦让，尽量照顾他人的需求，并且考虑到对死者关照的多少和贡献的大小。有的虽然平时很少关照老人，但却想乘此机会大捞一把，毫不相让，甚至为了争夺家产，和同胞兄弟姐妹翻脸，吵架，大闹特闹，最后只好走进法院，由法官来解决。这就大大地伤害了亲情，做得实在是太过分了。

　　我们家在妈妈去世后，分割财产时，由于哥哥起了模范带头作用，领导又有力，家人也都考虑到别人的需要，互相谦让，所以分割财产进行得非常顺利。

　　我的妈妈是 1960 年去世的。当时正是国家三年困难时期，物资极端匮乏，家具和棉布全都要凭票供应。有一年才发了二尺布票作为补衣服之用，其他东西供应也非常紧张。在这种情况下，东西就显得特别珍贵。我的哥哥当时有两个小孩，男孩子很淘气，穿衣服很费，对棉布当然是极需要的；我的姐姐怀了双胞胎，面临孩子要出生，准备迎接小宝宝们，当然对棉布就更加有迫切的需要了！

　　当时在法律上有继承权的人只有四个人：爸爸、哥哥、姐姐和我。

　　为处理妈妈的后事，哥哥特地回到了妈妈所在的城市——天津。爸爸和我也回了天津，只有姐姐因为怀孕没有到达。在我们商讨分家方案时，大家一致认为，邓婆婆虽然不是我们家的人，也没有任何血缘关系，她在法律上是没有继承权的，但是她一直照顾着妈妈，对家里是有贡献的，而且她年龄已60有余，孤身一人，无儿无女，她还没有固定的工作和工资收入，只靠做点小时工勉强赚点钱。妈妈去世后，她的生活确实存在着许多困难，而我们都有工资，生活都有保障，所以首先应该照顾的就是邓婆婆。我们决定：1.房子由邓婆婆继续居住；2.大部分家具，包括床、桌子、椅子全都留给她用，厨房用具也全部由她使用；3.邓婆婆作为家人对待，算家人的一分子参加财产的分割；4.由我每月供给她10元作为生活补助费。事后，我看她孤身一人，很可怜，就把给我的那份财产全部赠送给了她。所以在全家中，邓婆婆得到的数量是最多的，这样，她就能有地方居住，在一段时间内，基本上能维持正常生活。

我的妈妈有三个陪嫁的大红皮箱，其中两个是破损了的。姐姐没有来参加分家，大家一致决定把那个最完整的皮箱留给姐姐。由于哥哥有两个孩子，姐姐马上要生双胞胎，也需要用布为孩子做出生的准备，所以妈妈留下的布料就全部分给了他俩。妈妈有600元钱的存款，每人分得120元。妈妈还有一些陪嫁的首饰也按5份平均分配。爸爸年纪大了，他怕冷，一些保暖的东西如毛毯等物品就给了他。就这样，我们没有一点争抢，也没有一点吵闹，很快地就把这件事办妥了。大家也都觉得比较满意，一点也没有影响亲情，反而增加了彼此的感情。

总之，在哥哥领导的整个分家的过程中，体现的原则是，互相谦让、照顾弱者，照顾护理过妈妈有贡献的人，照顾有特殊需要的人，照顾没有直接参加分家的人。在这里体现了人间的真情，体现了兄弟姐妹之间的亲情，体现了互相帮助，互相关心的美德。直到现在，每当我回忆起我们家分家的往事时，我都感到处理得是那样的漂亮和妥当，从而感受到亲情和家庭的温暖。

13. 难忘旅游途中的亲情

——记黑龙江亲友旅游团的一些感人的事例

2016 年外婆家 19 人，在冯云的组织下到黑龙江进行了一次亲情旅游。在旅途中无处不体现暖暖的亲情。使我很受教育，也深受感动。

冯云本人是在工作、家务非常繁忙和疾病缠身的情况下来组织这次亲人旅游的。其间她一直低烧，硬是带病咬牙来坚持策划、组织，和各方进行联系，她不仅做了大量细致的工作，而且对每个人特别是老人进行了无微不至的关心，她之所以能做到这分上，本身就体现了她对亲人浓浓的亲情。

作为年龄比较大的成员，我无时不受到大家的关心、疼爱和无微不至的照顾，这使我感到无比温暖。

亲友旅游团在哈尔滨太阳岛的合影

在这次旅行途中，亲人们一直在关心着我。他们不放心我一个人上路，总想着得有一个人照顾我，陪我同行。为此，巴丽放弃了坐飞机直达目的地的机会，选择了在北京换乘火车与我同行。返回北京时，表妹夫郑可昌让我和小新坐在一个车厢里，自己却坐在别的车厢里。

每次当大巴停留在宾馆前，巴丽、瑞平、小新妹夫等就抢着给我拉行李车，所以，这一路上我就从来没有自己拉过行李车。在上火车时，小新妹夫一个人一路上一直拉着两辆车走了很长的一段路，他也并不年轻，腰还有病，也够他累的。他就是这样宁可自己受累，让我空手轻松前行。这真是让我很是过意不去。这就叫作"把方便让给别人，把困难留给自己"。

坐上大巴车后，大家纷纷拿出来自己为亲人们准备的美味小吃。有巴丽从内蒙古带来的牛肉干、牛轧糖、巧克力；有敏元、德华和应铭带来的上海的五香牛肉干和话梅；有冯云为大家准备的水果和各种饮料……亲人们一面欣赏着窗外的美景，品尝着各种美食，一面谈笑风生。真是亲切无比，其乐无穷！

每当大巴一停下来，孙炯总是第一个赶忙下车。他转身就向我伸出一只温暖而有力的手臂，一面扶着我下车，一面不停地嘱咐说："慢点，注意安全，别摔着。"然后又一个一个地搀扶其他老人。虽然这仅仅是一个小动作，却渗透着对老人的尊敬和爱护。它使我全身流过了一股股亲情的暖流。

亲人们见我打扮得纯粹是一个老太太的样子。身上穿着一件深色的外衣，脚上穿着一双破旧的皮鞋（因为听说伊春要下雨）。他们希望把我打扮得年轻些。照相时，巴丽给我身上披了一条漂亮的彩色纱巾，小表妹给我戴上了一顶很时髦洋气的帽子，不知是谁又给我戴上了一副墨镜。于是照片中的我就变成了一个漂亮的"洋老太太"。这表达了亲人们希望我不要变得太老，要我越活越年轻的良好愿望。我很理解也很感谢他们对我的厚爱。让我十分感动的是，回到北京以后，我接到一个来自黑龙江的快递包，里面是冯云寄来的两双鞋。她在一张纸条里写道："我和巴丽看见你穿的那双旧皮鞋，很不合脚，走起路来会不舒服，真心疼你。这两双鞋很轻，走起路来会舒服些。你一定要自己穿，不要送给别人。"看着这张纸条和手里的这两双鞋，我被外甥女对我的无微不至的关怀，深深地感动了。她对我的情意就像对自己的妈妈。

行程的最后一天晚上，味秋哥为了让大家更好地团聚和欢乐，自己掏腰包，请大家去歌厅尽情歌唱。我也参加了。那天回到宾馆比较晚，忽然咚咚的敲门声响了。打开门一看原来是巴丽和瑞平两个，她们俩一见到我就高兴地说："啊！你回来了。

他们把作者打扮成一个洋老太太

我们还怕你走丢了，找不到宾馆呢！"你看，这些亲人无时无刻不在关心着我，注意着我的安全，我在他们的关心下是再安全不过了。我再一次感到了亲情的温暖。

当然，在旅途中的亲情绝不止这些。如应荣特地从大庆远道赶来宴请亲人们；婉畴姐知道冯云身体不好，小新妹曾经动过手术，就给他们带来了保健品，让他们补养身体；知道我颈椎疼就给我带来了巴基斯坦的热疗包；巴丽给年老的长辈送来内蒙古的围巾，好让他们暖和地度过严寒的冬天；给我买了双肩背书包，让我旅途行走带东西更方便；王震和郑可昌妹夫不辞辛苦地不停地给大家照相；亲人们知道我腿有病，每当上下台阶就有人伸出手来搀扶我，有一次王震大声喊道："我来负责照顾婉华姨。"每当烈日当头就有人在我背后撑起伞，把阴凉送给了我……这一切一切都让我感到亲情的温暖，使我久久不能忘怀。我想："这些都是外婆程家的好家风在当代后人身上的传承和发扬吧！"

总之，通过这次旅游，亲人们加深了彼此的了解和感情。我想："是浓浓的亲情使我们团结在一起，度过了愉快的旅途。"让我们永远记住这次难忘的旅途中的亲情。让我们今后加强联系，相互鼓舞，互相帮助，把外婆程家的好家风更加发扬光大吧！

14. 惊人的相似之处

——从共同点看家风潜移默化的影响

1937 年，妈妈带着姐姐和我去四川看望病中的外婆，不巧日本发动了侵华战争，我们回不了家，在二舅程懋型家住了整整 8 年。这期间，我接触了外婆程家的许多亲人，耳闻目睹了许多生动的事情。今天，回忆外婆家的亲人们，我发现他们有许多惊人的相似之处。

一、孝敬父母

在四川，为了躲避日本鬼子飞机的轰炸，二舅舅全家和我们三口一起搬到泸州崖弯的山沟里去住，那里条件特别艰苦，没有商店，没有学校，没有医院。我们住的是土坯墙茅草顶的房子，毛毛虫常常从房顶上掉下来；地下垫的是竹子编的席子，湿漉漉的；房间的窗子完全是木制的，打开窗子，蚊子、苍蝇会成群飞进来，关上窗子，屋里一片漆黑。但是，外婆的房间里不仅有玻璃窗，亮堂堂的，还装有地板。外婆得了脑中风以后，有专人照顾她，为她按摩，扶着她练习走路；有专门的小灶为她做饭吃。在当时的条件下，真是很不容易，这反映出晚辈们对母亲的一片孝心。

九外婆老年中风时，瘫倒在床，完全不能动弹。小姨程婉几年如一日夜以继日地精心照顾妈妈的吃喝拉撒睡。为她喂水喂饭，翻身按摩，抓屎接尿。九外婆白天呼呼睡大觉，晚上大吵大闹，搅得全家都不得安宁，但是小姨毫无怨言，从来都不嫌弃自己的母亲。她的行动为孩子们树立了良好的榜样。现在她的儿子也非常孝顺妈妈，孙子也学爸爸的样子，十分孝敬奶奶。

孝敬老人的事，在外婆程家是说不完的。应钿姐在自己身患癌症并多处转移的情况下，还竭尽全力去照顾患脑血栓的妈妈。女儿冯云在妈妈重病时，打地铺睡在妈妈床边，以便随时照顾好妈妈。硕文舅舅、舅妈年老后，静宝姐专程到北京伺候父母。程怡为了更好地护理生病的爸爸，学会了针灸和打针。现在又在全心全意护理生病的妈妈，并为此几乎放弃了自己参加聚会、娱乐和旅游等外出的所有机会。

在孝敬父母上，外婆程家人是有多么惊人的相似之处呀！

二、孝敬公婆

程家的女儿嫁出去后都是孝敬公婆的好儿媳妇。

程梅的公公去世较早，后婆婆一家生活没有了着落。她为了帮助后婆婆一家维持生活，慷慨地让爱人月月把全部工资寄给了后婆婆。自己一家四口就靠她每月 55 元工资节衣缩食勉强维持生活。她这种舍己为人，敬重老人的高贵品德，使我十分感动。

无独有偶，应钿姐结婚后，也把爱人四分之三的工资寄给婆婆家，还帮助弟妹，培养他们完成了学业。应钿姐的女儿冯云也学习妈妈的样子，用自己的工资去帮助婆婆家。

这又是多么惊人的相似，简直是一个模子刻出来的。

三、关爱孤老

外婆程家人不仅孝敬自己的父母，而且关爱周围的老人。

二舅妈方淑瑾隔壁住的是西单商场的看门工人陈伯伯两口。他家经济条件比较差，生活困难。二舅妈对这两个孤老关怀备至，如同亲人。好吃的、好喝的都和他们共享，把他们的困难当作自己的困难。

我妈妈也是如此。对待照顾过我们的邓婆婆也像自己的亲人。我刚毕业，每月只挣 46 元钱，妈妈就对我说："邓婆婆没有儿女，很可怜，你要给她攒足 2000 元钱作为她的养老钱，你还应该给她养老送终。"以后我就是按照妈妈的嘱托，伺候她，为她养老送终了。

应镕姐、应琦姐对保姆徐妈也如同亲人。在她年老时，也竭尽全力照顾她。应琦姐即便不在徐妈身边，也月月寄零用钱给她，过年还要给一个大红包。

在关爱老人上，他们是多么善良，又是多么惊人的相似！

四、亲人互助

外婆家亲人之间，遇见困难，都是互相关心，互相帮助。抗日战争时期，我们住在二舅家长达 8 年之久。舅舅、舅妈对姐姐和我就像自己亲生的子女一样，不仅管吃管穿管住，还供我们上学。当时淑珊姨夫妇、欧阳表叔全家也都在二舅妈家里住过……

我哥哥裘小农不愿当亡国奴，只身出走跑到大后方去，途径江西就住在五舅妈舒文辉家，五舅妈不仅在生活上给予了无微不至的照顾，还想方设法帮助他去了大后方。程应锦在重庆南开中学读书的时候，就住在四舅妈家里，也同样得到无微不至的关心和照顾。

润秋姐不顾一家人挤在一间 10 平方米的小房子里，还硬是挤出一个空间，搭张行军床，让小叔子有个安身之处。在外婆家，常常是一家遇到了困难，大家齐心协力伸出援助之手。这次，当程小龙得了重病，程家人马上踊跃捐款给予帮助。

在亲人之间相互帮助上，他们又是多么的相似呀！

五、帮扶弟妹

在外婆家，兄弟姐妹之间，哥哥姐姐帮助弟弟妹妹的事更是层出不穷。我爸爸抛弃了我妈妈，对子女也不管，总是说："女孩子没钱就别上学。"我哥哥裘小农主动承担赡养我妈妈及培养姐姐和我上学的责任。他每个月 90 多元的工资，寄给妈妈 40 元，给我姐姐 20 元，给我 15 元，自己留下的生活费不足 20 元。他就是这样，一直把姐姐和我供到大学毕业。

应铮姐和姐夫也是不断帮助弟弟妹妹解决各种困难。他们同样把姐夫的弟弟、妹妹、侄子、侄女培养成才。特别是对小八妹，不仅把她培养到大学毕业，而且还接她到家里坐月子，为她洗洗涮涮，喂奶做饭。应钿姐和姐夫同样把姐夫的弟弟、侄子和侄女培养成才。应琦姐把她的侄女培养到初中才返回自己的家。

他们就是这样竭尽全力地帮扶弟弟妹妹的。这又是多么惊人的相似呀！

六、低调做人

外婆家的人大多数兢兢业业，刻苦学习，努力工作，并且取得了显著的成绩，但是他们都很低调，从不自我吹嘘。十舅舅程懋坪留学美国，是著名的内科专家。他在治疗肝胆疾病方面，有独到的见解和创新，做出了很大的贡献，但是他从不提及，连我们这些亲人都从不知晓。直到去年，看了他儿子的纪念文章才知道，应锟表哥曾经参加世界青年联欢节并担任领唱，工作中被称为"音乐活字典"。他自己也从不提及，我们还是在报纸报道后才知道的。婉畴姐研制和参与研制了许多新药，如庆大霉素、利福平、多抗甲素等等，还帮助药厂研制新产，从而救活了一些制药企业。应该说对人民的健康事业还是有一定贡献的。这些事她也很少提及，我还是从她的同行、同学那里得知的。味秋哥哥退休前是政法大学法律系主任，而且多次全票当选联合国犯罪预防和控制委员会委员，他提出的决议草案被会议一致通过，我也是从报纸和其他渠道才知晓的。

敬业、低调做人这点上，他们又是多么惊人地相似！

还有很多很多，如勤俭持家、平等待人、忠厚诚实……

后来，外婆程家人，虽然生活在不同的城市，从事着不同的职业，有着不同的年龄，生长在不同的家庭，他们为什么会有如此多惊人的相似之处呢？他们为什么都这样善良，都这样关心别人比关心自己为重，都乐于助人，都孝敬父母兄长，都主动承担培养弟弟妹妹的重任，都互相关心互相帮助？因为外婆程家的家规家训中，就要求家庭成员做到"孝顺父兄""共敦友爱""和邻睦族""和亲睦邻""谦虚谨慎""低调做人""不分贵贱，平等待人"……这些相似之处正是外婆程家好家风在他们身上的具体体现。我们为外婆程家的好家规、好家训、好家风而感到骄傲和自豪。作为程家的后代，我们一定要继承这种好家风、好传统、好作风、好品德，并且把它们发扬光大，代代相传。

第二部分　友情篇

1. 党委书记对我的关怀

——记薛书记和我的友谊

1960 年，我从北师大毕业后，被分配到北京卫生学校工作。我在这里工作了长达 22 年，可以说我是在这里度过了整个青春。

当时在卫生学校担任党委书记的是薛光同志，她是一个"三八式"的老干部。她既讲原则又待人亲切、和蔼，是党的优秀干部。大家都很敬重她。在这 20 多年中，我们之间也建立了深厚的友谊。

一、她鼓励我积极工作

我刚分到卫校时，背了沉重的出身不好的包袱。"反右"中，我对师大党委书记乱搞男女关系，发表过一些看法，被看成是配合"右派"向党进攻，所以毕业时给我写的评语不大好。当时卫校领导对我并不了解。可能是为了考验我，没有马上让我教课，而是让我去图书馆当管理员，去厨房帮厨，去农场下放劳动。虽然我每次都服从了组织的分配，但是，心里并不痛快。我觉得我不能学以致用，领导对我也不够信任，心情一直不大好。尽管如此，不管分我到哪里，我都尽力去工作，从不偷奸耍滑。

当时是困难时期，粮食很紧张，我在帮厨的时候，一直是按照自己的定量吃，从来没有多吃多占学生的口粮。我看见班主任工作很忙，就主动帮助他们搞搞卫生，处理一些日常生活琐事。这些都被薛光同志看在眼里，记在心里。两年以后，她找我谈话，她说："我们感到你来学校以后，表现还是挺不错的，经住了困难时期的考验。你还热情地帮助同志们，表现出你是热爱党热爱社会主义的。一个人的出身是不能选择的，但是道路是可以选择的。我们经过研究，决定让你担任哲学课的教学工作。"听了她的这番谈话，我一方面很高兴，觉得组织了解我，信任我了，我可以学以致用了，另一方面我也很担心。我觉得我很单纯幼稚，没有社会经验，我害怕我不能很好地胜任这个工作，也怕会犯错误。当我把这个想法向薛书记谈了以后，她亲切地对我说："大胆地干，如果有什么拿不准的问题，你就提出来，我们一起商量。"

党委书记薛光和作者

量。"有了领导的支持，使我对做好工作就有了信心。

　　在我开始教课不久，她就深入课堂来听我的课，下课时，还找学生谈话，了解对我讲课的反映。课后她对我说："同学们对你的讲课反映还不错，就是觉得说话快了点。他们说你课外还帮助他们学习毛主席著作，这很好嘛！"后来市委派人下来检查教学情况，把我们组的教案都收走了。薛书记亲自看了我的教案。她见到我，拍拍我的肩膀说："领导和我都看了你的教案，大家都觉得你的这一份教案在你们教研组里写得最好。你应该有信心做好工作。"在她的关怀和鼓励下，我对做好工作就更加有了信心，劲头也更足了。

二、她在百忙中还抽空关心我的个人生活

　　薛书记不仅鼓励我好好工作，还很关心我的个人生活。我31岁还没有结婚。当她得知别人给我介绍了一个男朋友后，就关心地问我："他是哪儿人，多大了？思想怎么样？"我说："我不大了解，我有点儿害怕，我也拿不定主意。"她说："让他到学校来一趟，我来给你相相女婿。"她工作很忙，一星期都住在学校，只有周三和周六才回家。就是在这种情况下，她真的在百忙中抽出时间来和老陈谈了一次话。事后，她还很负责任地把她对老陈的印象告诉了我。她对我说："男大当婚女大当嫁，你年纪也不小了，现在也是应该考虑个人问题的时候了。他给我的印象是比较朴实，又是个党员，政治上也还是可靠的。你再多了解了解，看看你们性格上能不能合得来，再做决定。"作为一个学校的领导人，她每天有许多大事要考虑，要处理，忙得连家都不回，竟然还能抽出时间来关心我的终身大事。她对我这样无微不至的关心，使我深受感动。

三、她以宽广的胸怀对待反对过她的人

在"文化大革命"期间，全国曾掀起过一股红卫兵抓"走资派"的运动。我们学校的红卫兵也把所有的校领导都当作"走资派"抓了出来。薛光同志当然也不例外。红卫兵让他们交代问题，强迫他们劳动改造，甚至进行体罚，让他们晒太阳……造成了领导和群众的隔阂，群众斗群众的局面。当时我和很多教师一样，在不明真相的情况下也给他们贴过大字报。在这期间，薛光同志也挨了斗，受了不少委屈，但是当她重新复出担任领导工作以后，她既往不咎，以宽广的胸怀，正确对待两派群众组织的成员，特别是对反对过她的人都一视同仁。干部该怎么安排工作就怎么安排工作；老师该安排上课的就安排上课；学生该怎么分配工作就怎么分配工作；对反对过她的人该怎么关心和照顾就怎么关心和照顾。我也曾经给她提过比较尖锐的意见，但是她一点儿都不往心里去，对我还像过去一个样。这使我体会到了"宰相肚里能撑船"这句话的深刻含义，也体会到了一个有远大目标的人，为了实现伟大的理想，就不会计较个人的得失，就会团结广大的群众一起搞好工作，去实现自己的目标。

四、她深入群众和群众打成一片

20世纪70年代，领导决定让薛光同志和全校教职员工一起到农业学校去"抓革命促生产"。这段时间，我们一直在一起同吃同住同劳动，接触的机会就更多了。她比我们大十好几岁，但是她和我们一样，在田里插秧、拔苗、除草、割稻子，什么农活都干。那时候，回家时，从农校走到公共汽车

站要步行 15 里路。有时候我也和她结伴同行。一路上，她走得特别快，我紧赶也跟不上。她知道我腿不好，走一段路，总是会停下来等等我，让我稍加休息再继续前行。我对她说："你比我大 15 岁，怎么走得那么快？你不感觉累吗？"她说："这都是在部队时，常常行军锻炼出来的。"有时她还一边走，一边给我们讲在太行山斗争的故事。这样我们之间就没有什么上下级的界限，她已经成为我们中的普通一员。我们和她嘻嘻哈哈地开玩笑，甚至还给她起外号。有一次天气很热，大家在水田里除草，干完半天活，又累又渴。我当天是值日生，和另一个值日生商量，决定每人出一点钱给大伙买西瓜。两个西瓜分到每人头上，一人只摊上两小片，吃得很不过瘾。于是我们就对薛光同志敲竹杠。有一个同志半开玩笑地对她说："老薛，你挣的工资最高，大家又累又渴，你应该掏钱请大家吃西瓜，而且还应该让我们每个人都吃个痛快。"她当时笑眯眯地说："行，我掏钱，你们谁跑腿去买？"两个年轻的同志异口同声地说："我们去。"就这样，我们每个人又吃了半个西瓜，真让我们吃了个痛快。从这件小事上可以看出薛光同志是很平易近人的，她没有一点架子，和我们不分彼此，完全打成了一片。

五、地震中她关心我的安危

1976 年唐山发生了大地震。我当时崴了脚，余震发生时，我正提着一壶开水往外跑，被门槛绊了一跤，开水溅了一身，烫伤了我的大腿和双脚，使我十分疼痛和狼狈。薛光同志得知这一情况后，十分着急，她马上派人事干部吕克真赶到我家，给我送来了治疗烫伤的药物，使我及时得到了治疗。但是，她还是放心不下，派人把我从家里接到学校去住。在她的关怀下，我们用油毡和塑料布，在学校院子里搭起了抗震棚，全家的生活才就此安顿下来，使我安全地度过了地震中的烫伤关。这一幕幕感人肺腑的场景使我难以忘怀，它表现了一个老共产党员对群众疾苦的关怀。我从心里感激她对我无微不至的关心。

我对老薛同志怀有深厚的感情。1981 年，我搬了家，离卫校比较远。为了解决家里的困难，我不得不调往一个离家近的学校。我依依不舍地离开了卫生学校，离开了敬爱的薛书记。每当卫校有大的集会，我都会像回娘家一样去看看薛书记，看看我的老同事们。在年老退休后，我还常常打电话和她聊聊天，说说知心话，问候她身体是否健康。如果我遇见什么问题和难处也会请她出出主意，谈谈看法。每当节假日我有时也会去看看她。我现在没有把她看成是我的领导，而是把她看成是我的知心朋友和很近的亲人。

从薛光同志身上，我看到了一个老一辈的领导干部身上的许多优秀品质。她谦虚谨慎，和蔼可亲，时时处处关心别人；她爱岗敬业，深入教学第一线，帮助解决实际问题；她胸怀宽广，善于团结大家，特别是团结意见不同的同志一起搞好工作。我敬重她，愿意向她学习。我也永远不会忘记她对我的无微不至的关心和帮助。

2. 叫你小谢，还是称呼你谢主任？

——记北京市教委副主任谢幼琅同志和我的友谊

20世纪70年代，谢幼琅同志是北京市教育局中专处的一位普通干部，她主管马列主义协会。我当时在北京卫校教哲学课，所以在工作上有过一些接触。有时她组织召开经验交流会，让我去发言，仅此而已，完全是上下级的工作关系。

一、她帮助我解决了一个老大难的问题

1977年小谢去北师大进修，离我家比较近，她就抽空来我们家里看望。一进门，她就看见我的床上铺着塑料布，我的儿子穿着鞋正在床上跳来跳去。看到这幅情景，她很惊讶地问我："你的儿子多大了？怎么不送他去上学？"我回答说："他9岁了，是个双胎早产儿，有点弱智，到聋哑学校去报过名，人家不收，他们说：'我们这里不是慈善机构，不收这样的孩子。'没办法，我只得让他在家里待着。孩子在家里不

谢幼琅和作者在哈尔滨

能接受教育，也影响我的工作和生活，我真是愁得没办法。"听了我这一番倾诉。她体贴地说："你爱人老是出差在外，你又要工作又要照顾这样一个聋哑孩子，也真够难为你的了。你先别着急，咱们想想办法，看看怎么解除你的后顾之忧。"我当时也就是听听而已，并没有抱多大的希望。没想到她回单位以后，就把我的困难向教育局长做了汇报，她说："现在中年知识分子在学校里都是骨干力量，都在挑重担子，要想办法解除他们的后顾之忧，让他们放开手脚好好干。"她特别谈了我的实际困难。她问道："我们能不能帮助她解决孩子上学的问题？"听了她的汇报，局长同意让特教处帮助解决。

真是喜出望外，不久，我就接到了第三聋哑学校的通知，让我的儿子到学校去报到。我从心底里感激小谢，她给我解决了这样一个头痛的老大难问题。我和她当时只是上下级关系，没有任何私交。她能这样体谅我的困难，真心实意地帮助我解决问题，这体现了我们党的干部关心群众生活的优良传统。我深深地被她的爱心所感动。在我的心目中她就是我的"恩人"。试想，如果她不帮助我解决这样一个大问题，孩子长期在家里待着，又吵又闹，让我不得安宁，我怎么生活？怎么休息？怎么备课？又怎么坚持上班？如果是那样，我一定会少活许多年，也许早就上八宝山了。从这个意义上说，她就是我的"救命恩人"。再说，如果孩子不能上学，以后就没有工作，等我们百年以后，他的生活就没有着落。现在，情况大改观。他从聋哑学校毕了业，学校给他分配了工作，是国营企业的工人，每月工资 2000 多元，五险一金齐全，有公费医疗，退休以后有养老金，能够自食其力，生活有了保障。他还买了便宜的二线房。这样我们也就放心了，否则我死的时候都闭不上眼睛。所以，小谢对我来说不是一般的帮助，而是从根本上解决了问题。但是每当我谈起对她的感激之情的时候，她总是谦虚地说："别总说这些，这是我应该做的。"

二、在她难熬的时刻我也应该关心她

小谢也有自己的苦恼和坎坷。她的儿子已经长大成人，准备结婚，家里人都很高兴，但是天有不测风云，有一次在出差的路上，他出了车祸，就此和他的双亲永别了。作为一个母亲，她的悲痛是可想而知的。但是，她还是以坚强的意志，忍痛坚持工作。我理解她的心情，很想分担她的痛苦。为了帮助她解除忧愁，我经常打电话安慰她。我对她说："你要节哀，要保重身体，中专处的工作需要你，我们教师也需要你。"我还告诉她一些解除忧愁的办法，让她平时多参加些活动；多和亲友们聊聊天；多看看电视；多听听音乐和广播。这样做可以转移视线，摆脱痛苦。有一次我的一个亲戚潘淳在音乐厅开钢琴独奏演出会，我拿到招待票后，就马上打电话给她，让她也一起去听演出。我之所以这样做，为的是让她转移注意力，摆脱痛苦，尽快地从阴影中走出来。经过这些事情，我们就更加熟悉和了解了，并且建立了深厚的友谊。俗话说，"滴水之恩当涌泉相报"。我想，她对我如此真诚，给了我那么多的帮助，我也应该想办法给以回报。退休后，我多次提出要帮助她做一点事，但是她总是婉言谢绝，这使我心里很不平衡。她工作很忙，没有时间搞家务。节假日，为了让她能好好休息，我有时就做一点菜给她送去。她总是加倍地给予回赠，这让我心里更是过意不去。从这些小事中，我看到她是多么廉洁，她对自己要求是多么严格，对别人又是多么宽厚。这和那些有便宜就占、有钱就捞的人比，简直是有天壤之别。

三、叫你小谢，还是称呼你谢主任？

由于工作需要，也由于小谢工作认真，联系群众，又具有领导能力，她从中专处的一般干部晋升为中专处长，后来又晋升为北京市教委副主任（即教育局副局长）。她步步高升了，我还口口声声地叫她"小谢"，自己感到这样称呼她好像有点儿不合时宜。有一次我去她家里看她，我直截了当地问她："以后我是叫你小谢，还是称呼你谢主任？"她斩钉截铁地回答说："当然叫小谢，我们本来就是好朋友嘛！"由于她从来不摆架子，所以，我现在一直叫她"小谢"，没有改变称呼。我感到这样称呼更亲切。从这里也反映了她平易近人的高贵品质。所以，我们之间一直都是平等对待、相互友好的最亲密的好朋友，没有一点隔阂和距离。

四、她帮助我在退休后开始了写作

我一直想回报她对我的恩情，但是教育局的领导工作我插不上手，抄抄写写又有了电脑代劳。正在我发愁没有办法回报她的恩情时，她突然打电话给我。她说："现在我有一件事想请你帮个忙，你帮不帮吧？"我当时真是喜出望外，觉得机会终于来了。我斩钉截铁地回答说："只要我能做的，我一定全力以赴。到底要我干什么呀？"她回答说："现在'关心下一代委员会'准备出一本书，大家交流一下教学和教书育人方面的经验，准备约你写一篇稿子。"我一听惊呆了，我几十年都没有写过稿子了，真不知从何下手，但是，恩人求我帮忙，怎么能回绝呢？我只好硬着头皮答应下来了。到底是年纪大了，写起东西来觉得笔涩得很。搞了快一个月，我自己改了五遍，还让"把关老师"帮了忙，才算完成了任务。紧接着，小谢又要求我再写一篇有关"教书育人"的文章。她觉得我在这方面做了不少工作，应该总结一下，我也只得答应了。因为有了第一回的经验和锻炼，这回写起来就顺利多了。在小谢的启发、指导和要求下，这两篇文章都被采用了。通过写这两篇文章，我对写文章充满了信心。我觉得只要努力，退休后我还是能够重新拿起笔来做一些力所能及的事情的。在小谢的启发和指导下，几年来我写了一百多篇文章，报刊和电台采用的就有好几十篇。我还写了一本关于怎样教孩子说口语的书，已经在2015年出版了，受到了年轻家长们的欢迎。现在我正在写《亲情和友情》一书，介绍好人、好事、好家风，以帮助下一代继承和发扬中华民族的光荣传统。今后，我还打算写《英语八卦图》，帮助孩子们用比较快速的方法扩大词汇量；写《我是怎样学习和教英语的》，用自己的亲身经历介绍一些学习英语的方法。我还要不断给报纸和电台投稿，宣传好人、好事。我在老年时期走上了写作的道路，使我的退休生活过得更加充实和有意义。我之所以能走上这条写作的道路，是和谢幼琅同志的引导、启发和帮助分不开的，是她帮助我走上了写作这条正确的道路。

五、我们成了最好的朋友和最亲密的姐妹

小谢退休后，有了更多的时间和我交往。我们互相惦记，互相关心，互相帮助，她成了我亲密的好朋友和好姐妹。不管是谁有了点好吃的，都会惦记着对

谢幼琅同志

方，和对方分享。有一次江西老家亲戚给小谢带来了不少土特产，她知道我也是江西人，也喜欢吃这些东西，她每一样都分给我一半，拉着小车给我送了过来。我如果有什么新鲜东西，马上想到的就是她。每年春节前夕，我们都会约好一起到农展馆去采购年货，一路上商量着过年时给全家做一桌什么样的美味佳肴，还会交流交流各自的厨艺。不论是谁生了病，对方都会去探望，还会帮助介绍个好医生为她治疗。春秋季节，我们有时也会相约一起外出旅游，去欣赏祖国的美好自然风光。不管家里有高兴的事还是遇见了什么麻烦，彼此都会通个电话，共享快乐，分担忧愁。我们虽然不是亲姐妹，但是胜似亲姐妹，我们已经成为最好的朋友和最亲密的姐妹。

总之，虽然小谢是个领导干部，我只是个普通老百姓，但是我们之间是平等的，没有高低贵贱之分，也没有距离和隔阂。我们互相关心，互相帮助，我们的友谊是真诚的。从她身上我看到了一个共产党员的优秀品质，也体会到一个领导干部对群众生活无微不至的关怀。我珍惜我们的友谊，我希望我们的友谊能够地久天长。

3. 我们班的学习干事真好

——记罗汝玫和我的友谊

中学时代的罗汝玫是我们的学习干事

我和罗汝玫在北京女一中是同班同学，她担任我们班的学习干事。当时我的身体是全班最不好的，关节炎很严重，经常腿疼，心脏也不大好，特别是晚上经常失眠，引起头疼。所以，请假落课是经常的事。每当我请了病假，罗汝玫总是在课后走校的同学都回家了，留下来给我补课。她走到我的课桌前，对我说："你拿出课本来，我把老师讲过的课给你说说。"当时我物理课学得不好，对抽象的东西很不理解，老是不懂，她就不厌其烦地一遍一遍地给我讲解。我记得有一次讲"表面张力"，她就给我讲了不少于五遍，直到我明白了才算了事。那次她一直到快天黑才回家。我们住校生都吃晚饭了，她还在回家的路上，这使我很过意不去。

罗汝玫很聪明，学习非常好，对问题理解得很深入透彻。她文科理科都学得很好，但是她就是有点马大哈，考试时不大细心，总会出点小的错误，所以考试成绩在全班不算是最好的。她知道我物理学习有困难，就在期末考试前，帮助我做了全学期的总结复习，使我学到的东西比较系统化了。我在她的帮助下，确实有了较大的进步。在考试中我竟然得了 90 多分。在这次考试中，好像她忘了点一个小数点，结果成绩比我还少了几分。当她知道我的分数比她还高时，她高兴地跑过来和我紧紧地握手。她对我说："真不简单，你落了那么多的课还取得了这么好的成绩，我真为你高兴。"其实，我心里明白这完全是她无私帮助的结果。我被她宽广的胸怀、大公无私的精神深深地感动了，也体会到她对我深厚的友情。

我们班当时有个小同学，学习不太努力，成绩也不大好。学习干事罗汝玫看在眼里，记在心上。她不仅平时催促这个同学抓紧时间好好学习，帮助她补课，而且在假期里，把这个小同学请到自己的家里，和她一起复习功课，还无偿地管吃管住。经过一个假期的复习，她的学习有了明显的进步，以后成绩大幅度地上升。这个小同学非常感激她，她对我们说："我们的学习干事罗汝玫对我真好，为了罗汝玫，我也得好好学习，否则我就太对不起她了。"确实在这以后，她就转变了学习态度，高考时成绩优秀，考上了农业机械化学院。毕业后，成为这条科研战线上的一名科研人员。她的成长和学习干事罗汝玫的帮助是分不开的。

后来，罗汝玫去苏联学习了四年。在她外出期间，我常常去看望她的父母，也经常和她通信，保持着密切的联系。现在我们分开已经快 60 年了，

退休后罗汝玫和同学聚会

但是我们一直亲如姐妹，常来常往，电话联系，互相探望。她的老伴不幸去世后，她非常悲痛，敞开心扉向我倾诉内心的痛苦。我也安慰她，想办法帮助她走出阴影。前两年，我腿关节不好，她知道我会有一定的困难，就解囊相助，给我钱，让我找小时工前来帮助。2014年1月，她得知我的老伴得了脑梗死以后，就马上到医院去看望，给我的老伴讲了养这种病的注意事项。当我送她出去时，她嘱咐我小心，不要让小偷掏了包。她说："我放了一万元在里面，你现在正是需要用钱的时候。"我当时想："她也不是太有钱的，她也是工薪阶层，也面临养老问题，我怎么能要人家这么多的钱呢？"她见我态度犹豫，就诚恳地对我说："咱们是老同学，是好朋友，你现在有困难，就不要和我客气了。"她慷慨解囊，关键时刻向我伸出友谊之手，她对我的深情厚谊是我永远也不会忘记的。

罗汝玫不只对我特别关心，对我们班的同学也非常关心。我们班有个同学得了肺癌，要用大量的药费。她不仅去看望，而且慷慨解囊，一个人就拿出11000元来帮助这个同学。她的行动不仅温暖了病人的心，也让同学们体会到了浓浓的友情和亲情。

她退休以后，在一家公司做了很长时间的顾问。由于她英语、俄语都很好，又有和外国人打交道的丰富经验，工作认真，工作时间又很长，对公司做出了很大的贡献，所以在她决定辞掉这份工作后，公司决定每月发给她一份养老金。她觉得自己已经不为公司工作了，不应该再拿这份养老金，就毅然决然地向公司表示，她不能再拿这份养老金。公司依然坚持要发给她，她就把以前接受公司薪水的存折注销了。在不少人追逐金钱的商品经济的社会里，她竟然到口的肉不吃，到手的钱不拿，这表现了她只愿奉献，不求回报的高尚的思想境界。最近她的大姑姐得了重病，经济上很困难，她就月月把自己的全部工资给她请护工。她的所作所为表现了一个共产党员的高尚品德，表现出她是一个助人为乐的人，一个待人宽厚的人。我对她的高尚的品质十分钦佩。我为有这样的同学和朋友而感到骄傲和自豪。我要以她为榜样，学习她的优秀品质。

4. 我成了姚家的"二闺女"

——记姚今淑一家和我的亲情

姚今淑是我在天津圣功女中的校友，我们两个又都在学生会宣传部工作。那时，学校里有许多活动，配合这些活动，我们两个经常在一起策划怎样进行宣传，出什么样的黑板报，怎样对外进行报道等。在工作中我们配合得很好，又很谈得来，所以，很快就成了知心朋友。

一、一生中最幸福的时刻

我常常去姚家玩。当时，我妈妈对我要求很严格，从来不许我在外面过夜，但是，姚家除外。因为我妈妈知道姚家是正经人家，姚伯伯是律师，姚伯母是街道干部，品德高尚，所以我可以随便去，晚上还可以在她家和姚今淑做伴一起睡觉。

晚上我们在一起睡在一张大床上。我们海聊，聊学习、聊工作、聊小时候有趣的事、聊对一些人和事的看法，说许多不能和别人说的悄悄话。还聊怎样使自己的一生过得更有意义，我们也聊今后的抱负和打算，我说："我喜欢

姚今淑、小妹今丽、孩子和作者

写稿，我想当记者。"她说："我要当勘探队员，为祖国寻找宝藏。"有时我们一起高声歌唱《团结就是力量》《革命人永远是年轻》《共青团员之歌》……说到高兴的事时，我们就哈哈哈捧腹大笑，经常是说到半夜，好像还有许多话没有说完，真是开心极了。我们无忧无虑，天真无邪，充满了浓浓的友情和年轻人的活力，我们感到无比的快乐，这是我永生难忘的最幸福的时刻。

二、我成了姚家的"二闺女"

每次我去姚妈妈家里时，姚伯伯和姚妈妈总是笑脸相迎并且对我热情款待。一大早，姚伯伯就出去排队给我们买煎饼果子、芝麻烧饼，打豆浆给我们喝。中午时，姚妈妈总是要给我做我最爱吃的小对虾、西红柿炒田鸡腿和炸小黄鱼。吃饭时，她总是微笑着对我说："我知道你爱吃这些，这是专门为你做的，你就多吃点吧！"小妹那时才一岁多，我们抱她、哄她、逗她，给她梳小辫子，陪她玩，教她唱歌和她一起做游戏，真是感到就像在自己家里一样的温暖和快乐。

有一次，姚妈妈亲切地对我说："我喜欢你，你做我的二闺女吧！"

就这样我就成了姚家的"二闺女"了。其实，姚今淑比我还小一岁，但是我不能"篡位"，所以我也只能受点委屈，当他们家的"二闺女"了。从此以后，他们家里同辈人都叫我"二姐"，小辈的管我叫"二姑"、"二姨"的，就这样我就真的成了他们家里的一个成员了。

三、他们待我如同亲人

毕业后，她考上了外语学院，我考上了北师大，我们各奔一方，但是亲情和友情把我们永远紧紧地联系在一起。无论走到哪里，彼此都互相牵挂着，只要一方遇见困难，对方都会千方百计伸出友谊之手给予帮助。

比如，我家保姆的户口在天津，她的粮票和有关的事情都得到天津去办理。我要上班还要管理家务，不可能月月去天津取粮票。姚今淑得知后，就主动对我说："这事我给你解决，我虽然不在天津了，但是我家还在天津，我可以让我的弟妹李玉萍帮你办。"以后玉萍妹20年如一日，月月不厌其烦地帮助领粮票。领完后再把它换成全国通用粮票，再把粮票托人或者邮寄到北京。在长达20年的时间里所有户口上的问题，都是弟妹帮我解决的。她也真是像对待自己的亲姐姐一

姚今淑和作者

样的对待我。姚伯伯虽然已经是70多岁的老人了，但是只要他到北京来开会，他就不顾年老体弱多病，跑很远的路，穿过整个北京城，把粮票亲自交到我的手中。我被姚伯伯关心我的亲情深深地感动了。我们虽然没有血缘关系，但是他比亲人还要亲。

后来，老保姆、我爸爸和后妈三人都病卧在床。我还要管家和上班，忙得不可开交，实在管不过来，我就想让保姆去住养老院，可是她的户口在天津，只能去天津联系养老院。我到天津后，直奔姚伯伯家。伯伯见我来了，马上出去给我买来了煎饼果子、芝麻烧饼和豆浆，并且亲切地对我说："我记得你就爱吃这个，有日子没吃了吧？"他让弟妹玉萍请了假，陪我去民政局说明我家的实际困难，希望能解决老人入住养老院的问题。她不辞辛苦，陪我跑了整整一天，我很过意不去，对她说："真是太麻烦你了，我从心里谢谢你。"她回答说："二姐，您就别客气了，咱们是一家人，您有困难，我们帮助您也是应该的。"她的一席话说得我心里热乎乎的。当时二弟家里只住着一间房，房间里只放着一张双人床，晚上，玉萍让二弟到别人家里去借住，让我、孩子和她一起挤在一张床上睡觉。她对我就像对待自己的亲姐姐，我也就像回娘家一样，感到无比的温暖和亲切。

小妹今丽得知我来到天津，也赶来看望我。她听说我腿疼就对我说："二姐，老寒腿得保暖，不能受凉，您得穿条棉裤，我给您量一量尺寸，我会做，我给您做一条棉裤，保您穿着合适。"我说："谢谢你，不用做了，

我已经有两条了。"这才算作罢。棉裤虽然没有做成，但是从她的言语和行动中，我深深地体会到了她对我这个"二姐"的关心和浓浓的亲情。那天晚上，小妹还要我和她一块儿睡觉，我们在一起不停地聊天，直到凌晨 1 点多才入睡。我们俩就像久别重逢的亲姐妹一样亲热。

第二天一大早，大弟今衡找来了地图，他建议我到天津新建的地区去看看，还告诉我怎么坐车去那里。离开天津的那天，姚伯伯依依不舍地对我说："二闺女，以后常来天津，来了就住在我家，这里也是你的娘家。"然后，从书包里掏出来一大包糖炒栗子递给我说："二闺女，我知道你喜欢吃这个，就特意给你买了，你捎上吧！"玉萍则拿出一大盒天津特产的大麻花递给我。就这样我依依不舍地离开了我的第二个娘家，告别了我的亲人们。

四、困难时刻见真情

1997 年，我出了车祸，受了伤晕了过去。司机带我去北医三院做 CT，正巧他们的机器坏了，只好转到人民医院，这里又没有床位，这时我已经苏醒，由于脑震荡，很多电话号码我都忘记了，唯独记得住在北京的姚今淑的电话。我当时是多么希望有一个亲人来到我的身边啊！托别人打电话给她，当得知此消息后，她心急如焚，姐夫也很着急，他立刻吩咐儿子京津说："你马上开车带你妈妈去看看裴阿姨。"他们赶到医院后，找到了我。今淑弯下腰，低着头，注视着我。亲切地问我："伤得厉害吗？很痛吗？"并且及时把我送进了 309 医院。他们找来了轮椅推着我，陪同我做完了各项检查。向医生问清了我受伤的情况，又给我办完了全部手续，送我进了病房，把我安顿在床上躺下了，他们才离开医院。这时时针已经指到夜里一点多钟了，他们忙了整整一个晚上，才返回家中休息，起码是两点多钟了。俗语说："患难知真交"，在我最困难的时候，又是姚家的亲人来到我的身边向我伸出了温暖的手，帮助我渡过了难关。

我和姚家虽然没有血缘关系，但是，他们不仅称呼我"二姐""二姑""二姨"，而且在行动上对待我就像对待亲人一样。从这里我看到了他们的高贵品质和宽广的胸怀，我为有这样的亲人感到幸福和温暖。

五、友谊和亲情地久天长

光阴似箭，时至今日，我们都已经 80 有余。从当年的活泼的小姑娘变成了两鬓白发的老太太，但是我们的友情和亲情依然如故，而且越来越浓厚。60 多年来，不管走到哪里，我们从未间断过联系。我们常常通电话聊起来没完，她会告诉我在外面的见闻和观感；我会告诉她北京的趣事和家里的现状。我们彼此分享着快乐，分担着忧愁。遇见问题，我们会互为"高参"，彼此想办法、出主意去解决。谁家来了人，忙得不可开交，对方都会想方设法给予帮助，减轻对方的劳动强度，以保证身体健康。每当中秋佳节，她的儿子和媳妇就会给"二姨"送来月饼，表示节日的祝贺。今淑外出旅游，只要带回当地的土特产，肯定也会让我也尝个鲜。每当一方出现疾病，对方就会想法找到好医生并且陪同前往看病。我们都是把对方的事当作自己的事去考虑去做。我们还一起出游，一起采购，我们总是边走边聊，老朋友、亲姐妹见面，总有说不完的话，真是其乐无穷。

我们不仅在生活上互相关心，而且在事业上互相帮助。

我们是很有缘分的。学生时期我们一起搞宣传；今天我们又都教英语。对于英语我是半路出家，退休后，经过自学，也当起了英语老师，但是存在着许多困难；今淑是科班出身，英语基础很好，所以我常常向"大姐"请教，她总是有求必应，有问必答，耐心地给我讲解，毫无保留地把她全部的知识教给我。有一次，我想多学点"课堂用语"，她一口气就给我写了好几页，还教给我怎样读、怎样用。当我向她表示感谢时，她说："你还跟我客气？有了问题一定要找我，因为咱们是一家人，我不但是你的好朋友而且还是好姐妹。"我的这位"大姐"还真是做到了"诲人不倦"。

她有一对双胞胎孙子。当我知道她的孙子想学习英语时，我告诉她，正好我写了一本关于怎样教 2—6 岁孩子说口语的书，我就把这本书送给了她，我还把自己教孩子学习英语的材料和自己的切身体会毫无保留地告诉了她。我们之间就是这样互相关心，互相帮助的。这里也充分体现了我们之间浓浓的亲情和友情。

　　总之，虽然在商品经济的社会里，生活是离不开金钱的。但是世界上最宝贵的不是金钱，比金钱更宝贵的是亲情和友情。亲情和友情能给人温暖，给人力量，能帮助我们去闯过难关，能鼓舞我们不断前进，所以我最珍惜的是亲情和友情。愿我们的亲情和友情地久天长；愿中华民族的传统美德在祖国大地发扬光大，愿人民之间的友谊之花在人类社会中绽放得更加五彩缤纷、绚丽夺目。

5. 我是天津电台的"广播之友"

——记天津电台的"大朋友"和我的友谊

1949 年—1952 年，我在天津圣功女中上初中时，我在学生会宣传部工作，专门负责黑板报和对外报道工作，我经常给电台和报纸投稿。当时，我是天津电台《青年时间》的通讯员，几乎每星期都要给电台送稿件。后来他们发展"广播之友"，我就成为电台的第一批"广播之友"。这以后，我参加了《青年时间》举办的许多活动，常和他们联系，电台的编辑和记者也就成了我的"大朋友"，他们和我之间建立了深厚的友情。

一、我是《青年时间》的"粉丝"

天津电台的《青年时间》办得非常精彩。它的内容新颖，形式多样，生动活泼，其中有《国家大事》《学校新闻》《青年修养》《思想漫谈》《学习方法介绍》《读书心得》等。常听这些节目，增加了我的知识，提高了我的觉悟，开阔了我的眼界，改进了我的学习方法，收获很大，所以我特别喜欢这个栏目。当时家里没有收音机，一到《青年时间》播出时，我就去请邻居老奶奶打开她的收音机，让我收听。后来我的堂弟利用旧零件组装了一台收音机送给我，我简直高兴极了。我就像上课一样，一到播出时间，就会准时打开收音机，认真地收听。一连好几年我天天收听，从不间断。收音机成了我的良师益友，我也就成为《青年时间》的热心"粉丝"。为了支持这个栏目，把它办得更好，我就积极给它投稿。在三年中，我写的稿件足足有一整本。电台的编辑和记者总是不厌其烦地为我修改稿件，耐心地指导我写作，他们也就成了教我写作的最好的老师，对我提高写作能力起了非常大的作用。

二、他们的敬业精神成为我学习的榜样

当时，电台的编辑和记者人人都穿着一身列宁装，腰上系着一根宽皮带，胸前带着一枚红色的天津人民广播电台的徽章，显得非常朴素、大方，看上去又神气又威风。他们都过着集体生活，全都住在集体宿舍里，白天外出采访，夜里在办公室加班写稿件。他们经常忙到深夜，连家也不回。星期天在电台的院子里就更热闹了。趁着学生们都休礼拜有空，电台的同志就不休息，他们抓紧时间，开展各种活动。看吧！在院子里，《儿童时间》的负责人徐薇晔同志在领着一群孩子，一会儿练节目，一会儿做游戏，秩序井然，有步骤有计划地开展着各种活动。在客厅里，综合科科长李耐波同志在给我们这帮中学生通讯员讲解写新闻稿的五个要素。他告诉我们写稿子要有时间、地点、人物、事件和起因。这对我们写新闻报道很有帮助，具有现实的指导意义。有时候《青年时间》的负责人陈冰同志会带着我们录制节目。我记得有一次， 她用"击鼓传花"的方法把要宣传的内容贯穿在游戏中。有时候他们还会给我们修改稿件，让我们讨论应该怎样写得更具体、更好。《青年时间》的刘惠廉同志身患肾结核，她克服疾病给她带来的痛苦，一直坚持工作，直到大量尿血，才住进了医院。我去看望她时，她已经是骨瘦如柴，不到一年就去世了。在他们身上，我看到了他们都具有全心全意为人民服务、无私奉献的高贵品质。他们的敬业精神使我十分敬佩。我想，做人就要做像他们这样的人。他们就是我们学习的榜样，我们就是要当他们的"追星族"。他们对我们这些小通讯员有很大的影响，对我们树立正确的人生观，起到了表率的作用。

在他们的影响下，我们这些小通讯员也都很积极。我们把学校的好人好事、有趣的新事物和群众对广播的反映等及时给他们反映或是写出稿件进行报道。比如，中华人民共和国成立时，天津要举行全市大游行。我就把学校在预演中举什么标语牌、拿什么旗帜、喊什么口号、唱什么歌、抬什么模型，写成稿子送到电台去，以便他们能够及时掌握情况，安排实况广播。

"十一"晚上，我们学校举行了"火炬晚会"，我也向电台做了及时的报道。我还把同学们怎样节约早餐费，省下钱来买公债的盛况，写成了稿件送给了他们。

为了把稿子快速地送到电台，我学会了骑自行车。有一次一个电台的工作人员把一个很厚的信封交给我，她说："这是你一年的稿费。"我对她说："你们都是忘我地工作，不是为了钱，我写稿子也不是为了钱。人家常香玉为了捐献飞机大炮，把自己的汽车都卖了，我也要用这些稿费捐献飞机大炮。"

三、他们对我们特别关爱

在电台，从领导到采播人员对我们这些"小朋友"都特别友好和关心。

有一次，电台的总编辑江海同志亲切地对我说："小裘，今天管夫人（俞宜瑄）要在电台唱《妇女自由歌》，你想不想听她唱歌？"

我说："她是著名的歌唱家，我当然想听。"他说："想听可以，但是到了播音室里，你一定要保证不出声。"我说："我一定保证不会出声。"于是，他就带我进了播音室。我感到电台领导对我这个"小朋友"是多么的信任啊！这使我深受感动。

有时候，我送完了稿子正好赶上中午，他们就带我到后院饭厅去和他们一起共进午餐。我和他们一起坐在大圆桌子上吃饭，他们一个劲儿往我的碗里夹好吃的菜，并且亲切地对我说："小裘，别客气，多吃点。"

有一次，我从北戴河学生海滨夏令营返回天津，晚上到电台去送稿子。可能是太热或是吃得不合适，我突然上吐下泻，这可把他们吓坏了。陈冰和刘惠廉同志立马就把我送到第三医院进行治疗。看完病，还把我送回了家。她俩回到电台已经是后半夜了。她们对我的关怀使我永生难忘。后来我得了风湿性关节炎，全身不能动弹。陈冰同志就多次去看望我。他们就是这样关心我，对我如同亲人。

我对他们也有着深厚的感情。1953年刘惠廉同志身患肾结核，住进了医院。我怀着沉重的心情，带着一本名叫《牛虻》的书去看望她。我知道保尔·柯察金很佩服牛虻，并且学习他的坚强意志去战胜疾病。我希望她也像保尔一样以坚强的意志去战胜疾病。后来刘惠廉同志不幸病重，我也不止一次去看望她。我实在不愿意这样好的一个"大朋友"离我而去。从这些事实中也可以看出我们之间深厚的友情。

四、我们的友谊地久天长

有一次播音科长徐恒让我把一篇《共青城》的稿子改编成播音稿。稿子改完后，她对我说："小裴，你挺能写的，你干脆把铺盖搬到电台来住，到我们电台来工作吧！"我听后还真动了心。我觉得电台是个温暖的大家庭，他们对我特别好，我特别愿意和他们生活在一起，工作在一起。但是回到家里和妈妈、哥哥一商量，他们都不同意。他们说："你还小，学到的东西太少，应该在年轻时候多学点东西，等长大了再工作也不晚。"我感到他们的意见也是有道理的，于是就没有去电台，选择了考高中。

我考取了北京女一中，离开了天津，离开了我的这些可敬可爱的"大朋友"，但是我们的友谊仍然地久天长。每当我回天津家里的时候，我一定会在第一时间去看望他们，他们也会像过去一样热情地接待我。他们问长问短，关心我的思想和学习。我也会表达我虽然人在北京，但是，时时刻刻都在想念着他们。我经常和他们通信，他们在信中常常鼓励我进步。我就把他们写得很有力量的话，用红笔画下来，鞭策自己进步。

20世纪90年代末，电台迎来了50周年华诞。他们决定出一本书来总结和追忆电台几十年来的工作。我去了天津，在天津大饭店见到了所有"大朋友"。他们约我写一篇当通讯员的稿子，我高兴地同意了。后来这篇稿子就刊登在这本书里。

在这期间李耐波同志得知我家里有三个病人由我一个人照顾，遇见很多困难。我家的老保姆，户口就在天津，但是进不了养老院。李耐波同志亲自带我去找民政局长商量，帮助我解决困难。他不顾自己年老体弱多病，还在关心我这个当年的通讯员和"小朋友"，这使我十分感动。以后耐波同志与世长辞，但我和他的家属，和电台其他的"大朋友"的友谊依然与世长存。

每当我去天津，我一定会去看望他们。耐波同志的爱人朱淑敏同志就会把住在附近的罗汉同志、李秋惠同志、林荫衡同志叫到一起，在他们家里来一次大聚会。我们亲切地回忆起过去许许多多的往事，谈论着我们之间真诚的友谊，聊得真是开心，其乐融融，就像一家人一样。

总之，是共同的理想和追求把我们这些通讯员和天津电台的同志们紧紧地团结在一起。我从他们身上学习到了忘我工作、无私奉献的高尚品质，学习到了他们艰苦奋斗、积极工作的敬业精神，学习到了他们真诚待人、助人为乐的高尚品德。这段友情将永远留在我的记忆中。他们永远是我学习的好榜样。我要做像他们那样的品德高尚、无私奉献、忘我工作的人。

6. 她爱国又爱民

——记爱国华侨梁丽屏和我们的友谊

梁丽屏是来自印尼的华侨，是我在北京女一中的同班同学。她是一个热爱祖国，热爱同胞，热爱集体，助人为乐的非常善良的人。

一、她热爱祖国

梁丽屏出生在印尼一个比较富裕的华侨家庭里。20世纪50年代初，为了投身新中国的建设事业，她毅然抛弃了在国外富足的生活，回到祖国怀抱。回国后，她努力学习，成绩在全班是数一数二的。高中毕业时，按照她的学习成绩，考上北大、清华这样的名牌大学是没有问题的。但是当时，为了发展教育事业，领导号召当年的高中毕业生报考师范院校，她就积极响应组织的号召，报考了北师大，毕业后成为一名人民教师。

工作后，不管在哪里，她总是捡重担子挑，哪门课缺教师，她就去教哪门课。她先后教过数学、物理、化学，还教过音乐、裁剪、劳动等课程。她先后还当过接待员、电影放映员、炊事员。不仅如此，在和学生下乡劳动时，她不光是参加劳动，而且还到外村去挑菜，为学生们做饭，提高学生的伙食质量。她在密云二中工作时，有一年密云郊区闹虫灾，庄稼和树叶都让虫子吃光了。学校放假三天，让大家捉虫子，她不怕危险，爬到树上去捉虫子。她对工作就是这样的认真、负责、敬业。凡是对国家、对集体有利的事情她都积极去做。以上事实表现了她高度的爱国情怀，她是一个名副其实的爱国华侨。

二、她关心集体，做了大量的好事

她关心集体，为集体做了大量的好事。她的功课好，又有好的学习方法。平时，有的同学生了病，落了课，她就会主动地去帮助补课；有的同学有不懂的问题，她就会主动去讲解，直到弄明白了为止。

有一年，为了让参加国庆游行的同学穿得更漂亮，她和另一个华侨郑婉华一起帮助大家做衣服。她俩一起去商店挑选不同颜色、不同花色品种的布料。然后一个人给大家量体裁衣，一个人用缝纫机缝制。忙乎了两个多星期，给班上每个同学都做了一条连衣裙。国庆节那一天，我们班排着整齐的队伍，手里拿着花朵，穿着五彩缤纷的服装，走在天安门前去接受毛主席的检阅。大家心里都高兴极了，也深深地体会到了这两位华侨同学对全班同学的友情。

退休后，她为社区做了不少的好事。从收卫生费到发起组织合唱团；从给树浇水到管理花坛都少不了她的身影。每当十冬腊月，呼呼地刮起了西北风，天空飘起了鹅毛大雪，她就一次又一次地到户外去扫雪。她说："雪扫干净了，人们走起路来才安全，我们花点时间，费点力气也是应该的。"

她对周围的人关心备至。多次有人住院开刀，她都是带着营养品坐在手术室门口守候着，随时准备着有事时就立马去帮忙。手术后她还会带着做好的菜去看望。

她有一个朋友，爱人已经去世，孩子又在国外定居，是个典型的"空巢家庭"，年老后，不幸又得了老年痴呆症，不认识人，还到处乱跑。梁丽屏怕她走丢了，会

爱国华侨梁丽屏和作者

出危险，就热情地帮助她。老梁跑遍了北京城去给她找合适的养老院。并且把各个养老院的条件和费用进行了比较。最后又费了很大劲找遍了病人家里的东西，最后，才在沙发缝里找到了她的身份证和户口本。她又和病人的单位联系，和他们一起去为老人办理了入住养老院的手续，使她能在那里安度晚年。以后她还经常带着肉松、水果和各种食品去看望她。老梁说："她没有亲人在身边，我们应该对她多关心。"她就是这样无私地像关心自己亲人一样去关心周围的人。

三、她关心贫困儿童和灾区的同胞

梁丽屏虽然是华侨，但是她也是个"工薪阶层"，生活并不是特别富裕。平时她自己过日子也是很节省的，凡是能自己做的食品都是自己动手做，她总是在晚上到超市去采购点"便宜货"。她买菜时，总是要到几个摊位转一转，选择又便宜又好的买。但是，对于"公益事业"，对于帮助有困难的人，她可是个出手很大的"大方的人"。

比如：国家要办"希望工程"，捐献 300 元就能帮助一个辍学的孩子上学。老梁一下子就拿出当时所有的储蓄 7800 元，赞助了 26 个孩子上学。她说："这些孩子如果将来能够培养成才，他们就能给国家做出贡献，我们捐点钱也是值得的。"

每年，我们国家都会有许多地方闹各种的自然灾害。当她听到某个地方受灾时，她都会翻箱倒柜找棉被、棉衣，取出存款来支援灾区的人民。她说："他们是我们的同胞，在他们受难时，我们绝不能袖手旁观。中国人口多，每人捐一点，就能凑上一大笔，帮助他们解决一些问题。"

有一年，当她看见报上刊登了一条消息，说内蒙古闹雪灾，冻死了许多牲口，房子里的墙壁上都布满了霜，有的司机就冻死在驾驶舱里。她打电话给我，邀我一起到西单慈善总会去捐钱捐物。我记得她推了一车衣服从中关村送到西单去。她还捐了钱，委托慈善总会的同志再买点新棉被送给灾区同胞。慈善总会的同志深受感动，他们说："您这么大年纪了，拿了这么多东西，走了这么远的路，很不容易。我们代表灾区人民谢谢您了。"她回答说："不用谢，我们的同胞正在受难，我们有责任帮助他们。"

四、她热情地关心和帮助我

梁丽屏对我情如姐妹。她对我们全家做到了全面周到的关心。她给她女儿做一条连衣裙，就会给我的女儿也做一条；她给她的女儿买一台收音机学英语，就给我的女儿也买了一台。冬天还没到，擦脸、擦手的油就给我送来了；端午节还没到，粽叶和糯米就送来了。她很能干，会做多种美食佳肴，什么香肠、腊肉、牛肉干、粽子、叉烧包……她做了什么，总是要分给我一份和我共享。特别让我过意不去的是，在她 80 岁高龄时，她去王府井全聚德买点鸭架子，都会趁新鲜连夜给我送来。我怕她摔跤，让她不要再送了，她还老大不高兴。那时，经济上都不是很富裕，供应也比较匮乏。有一次她做了四个琵琶腿，就给我家老保姆送来了两个。她说："现在咱们都是低工资，我就做了四个，我妈妈两个，邓婆婆两个，她们都老了，让她们先吃吧！邓婆婆没儿没女，怪可怜的。"我说："那你家的孩子都没吃上？"她说："孩子还年轻，他们吃的日子还长着呢！"她的所作所为使我深受感动，也使我很过意不去，当我送她一点东西时，她总是婉言谢绝。她对我说："你的孩子有病，你家比我困难，咱们是老同学、老朋友，我们亲如姐妹，你就不必和我客气了。"这表现了她对我的深情厚谊，也表现了她的克己为人的崇高品质。

她比较容易接受新鲜事物。许多家电她用着觉得又便宜又好，她就一定会向我推荐。我家的电冰箱、洗衣机、豆浆机、热水器……都是她介绍给我买的。她说："你太累，用些机器可以使你省不少时间和精力，你可以有更多时间休息，以便保证你的身体健康。"你看，她真是从方方面面关心着我。

总之，梁丽屏是一个有很高觉悟的爱国华侨。她既爱国又爱民，她把她的一生都献给了祖国的教育事业；她爱她周围所有的人，她竭尽全力去帮助她周围有困难的人。她不仅是我的老同学、好朋友，也是我的亲姐妹。我为有她这样的朋友和姐妹感到幸福、快乐、骄傲和自豪。

7. 她就像我的亲姐姐

——回忆宋洁贞和我的友谊

宋洁贞并不是我的亲姐姐，她只是我在北师大学习时的一个调干同学，但是我们亲密无间，无话不谈，她就像我的亲姐姐一样，甚至比亲姐姐还亲。

一、我对她充满了敬佩

1956 年，当我进入北京师范大学学习时，就从党支书那里得知了宋大姐在抗日战争中，17 岁就参加了革命。当时日本鬼子在中国搞"三光"政

调干同学宋洁贞和作者

策。鬼子兵一进村，见人就杀，见房子就烧，见东西就抢，惨不忍睹。宋大姐当时是妇联主任，她组织妇女坚持抗日斗争，积极宣传抗日救国的道理和党的抗日主张，冒着生命危险，把宣传材料藏在墙壁里。

解放初期，她被分配在中山公园做人事工作。中华人民共和国成立时，为了保证开国大典的顺利进行和首长们的安全，她带领干部不辞辛苦地在公园里日夜巡逻。开国大典那天，她站在紧靠天安门的中山公园一侧的墙下坚守了大半天，直到开国大典胜利结束为止。

她的儿子是在1949年出生的，取名为"爱华"，意思是永远爱中华人民共和国，由此可见她的一片爱国之心。

大姐本来只有小学文化程度，她认识到要建设祖国，必须要提高文化水平，就下定决心，克服了种种困难，去工农速成中学学习，后来又考上了北师大。她拖家带口，坚持了长达七年之久的学习，其困难是可想而知的。如果没有高度的爱国热情是不可能做到的。我非常敬佩她的这种精神，认为她就是我学习的榜样，所以我主动和她接近，愿意和她成为好朋友。

二、她在政治上关心我，在学习上鼓励我

在我入校的第二年，就赶上了"反右"斗争。在"大鸣大放"中，我们这些中学刚毕业的年轻学生，比较幼稚，没有社会经验，见什么，不动脑筋，也不做调查研究，就喜欢随便发表意见。我就是其中的一个。有一次，我和大姐一起在校园里看大字报，我总喜欢哇哇地发表自己的看法，大姐就一再提醒和阻拦我。她对我说："你了解情况吗？你调查研究了吗？你怎么总是这样轻而易举地发表自己的意见？"由于她的及时提醒和帮助，我才没有出现大的问题。现在看来，这是她在政治上对我最大的关心。

由于我出身不好，我申请入党根本就没有人搭理，时不时还要挨点批评。同样的看法，别人是认识问题，轮到我头上就成了立场问题。所以，我情绪不高，抬不起头来，感到没有奔头，学习也就没有了劲头。这时候大姐不仅没有看不起我，还主动前来热情地帮助我。期末考试前，她提出来要和我一起复习功课。她知道我喜欢吃零食，就从仅有的 25 元助学金中拿出钱来给我买了花生、瓜子、松子等我爱吃的东西，哄着我和她一起读书。她亲切地对我说："期末考试马上就来了，咱们先吃，吃完了，可得好好念书。你挺聪明的，基础又比较好，你只要下点功夫，一定能取得好的成绩。"她的热情关怀和鼓励，大大地激发了我的学习积极性，于是我天天和她一起复习，使我在期末的考试中取得了比较好的成绩。

三、悲痛时刻见亲情

1960 年大学毕业后，大家都各奔东西，走向自己的工作岗位，但是我和大姐的亲情仍然不能分离。我们彼此惦念，经常联系和看望，就像亲人一样心心相印。当她得知我的妈妈去世，就马上像亲姐姐一样关心我，向我伸出了温暖的双手。她对我说："以后每个星期六你就到我家里来，吃住我都管。咱们一起过礼拜天，省得你一个人太孤单。我的家就是你的家。"这以后，几乎每个周末和节假日我都是在她的家里度过的。我们虽然没有血缘关系，但是实际上她已经把我看成是她家里的一个成员了。

当时是困难时期，物资匮乏，供应十分紧张，买什么东西都要凭本凭票。一人一个月就发半斤肉、二两油。大姐平时省吃俭用，积攒了点油。有时在锅的下面放上水，上面放一些油，炸一次油饼，等我回去一块儿吃。节假日，难得凭票供应的一点鸡、肉、鱼，还一定要我回去和他们共同享用。这是一般人所做不到的。

后来得知我交了个男朋友，她就主动请他到家里来，找他谈话，还通过各种途径帮助我了解情况。她说："这是终身大事，一定要特别慎重。"可以说，在我找对象问题上她也像亲姐姐一样关心我，帮我把了关。

四、带病"开夜车"帮我修改入党申请书

1984 年，教工党支部书记找我谈话，他说："经过多年的了解，我们认为你一直表现不错。现在党在知识分子中发展了不少优秀分子入党，我们也在考虑解决你的组织问题。你再写一份入党申请书和一份自传，尽快交上来。"我记得，在写入党申请书时，我不知道有些问题应该怎么写，对运动中的一些问题又应该怎样正确看待。我觉得大姐看问题比较客观，在政治上比较成熟，于是我迫不及待地在晚上10点多钟冒着大雨跑到他们家。她已经脱衣睡觉了，她的爱人告诉我她最近身体不大好，血压经常在180多，常常头晕、头痛。看到这种情况，我就准备回家转了。但是大姐听见我的说话声，马上从床上爬了起来。她问："小裘，你这么晚来找我，一定是有什么要紧的事。"我说："也没什么急事，就是组织上让我写点材料，有些地方我拿不准，不知道怎么写才合适，所以想征求一下你的意见。"她说："这可是件重要的事，这些材料都是要入档案的。"她一边说一边就穿上了衣服。她说："今晚你就别走了，咱们俩琢磨琢磨怎么写吧！"我说："你行吗？可别把你的血管弄崩了。"她说："来吧！没事，你一辈子不就这么几件大事吗？这材料是要入档案的，必须认真写，得逐字逐句地斟酌才行。"于是她从晚上10∶30一直帮助我写到早上5∶30，足足干了7个钟头，开了整整一个通宵的夜车。我十分感动，很是过意不去。我对她说："真对不起了，这一整夜把你累坏了。"她说："没事，要知道，这可是你一辈子最大的事，我应该帮助你。"一个年老有病的人，忘记了自己的病痛和疲劳，把我的事当作她自己的事，而且还带病"开夜车"连续作战，就是自己的亲姐姐也不一定能做到这分上。

五、她在各方面都对我关怀备至

她不仅在政治上、工作上关心我，还在生活上对我无微不至地关照。

我父亲去世后，遗体停放在医院里。她觉得我没有处理这类事情的经验，爱人又不在家，单枪匹马一个人上阵，肯定会遇见许多困难。于是她给我出主意，让我找我爸爸单位领导一起解决。她还主动陪我到我爸爸的单位去，向他们说明我家里的困难。就这样，单位出了两个人，一辆车，帮助我处理了我爸爸的后事。

我有一个又聋哑又弱智的孩子，我很担心在我百年之后他没有安身之处。大姐就像亲姐姐一样分担着我的忧愁。她不顾自己70多岁的高龄，陪着我跑遍了北京市所有的社会福利院，想帮助我的残疾孩子找个合适的去处。大姐对我的深情，是我永远也不会忘怀的。

六、她也关怀周围的人

大姐品德高尚，不仅关心我，也关心她周围的人。

她的哥哥是革命烈士，牺牲后留下一个9岁的女儿。她一直把她的侄女抚养成人，培养她到大学毕业。在北师大学习期间，她的生活并不富裕。我亲眼看见她坐在床上一针一针地给她的侄女缝制新衣。困难时期，一个月每户只供应五斤鸡蛋。我看见她，只要侄女一回家，她一准要给她增添一个炒鸡蛋。她的侄女出国工作期间，她抛开自己的家不管，一直住在侄女家里帮助她照顾孩子。她对人就是这样有爱心。

大姐是一个非常廉洁的人。困难时期，供应白菜是定量的，买完后要在供应本上登记。有一次爱华买完了白菜，售货员忘了登本，不吭声就可以再买一份。这在粮食供应极其紧张的情况下，多一点白菜充饥，也是好的。但是大姐绝不去占这个便宜，她马上叫孩子去追卖菜的售货员登本。这反映了她廉洁奉公的优秀品质。

七、她是一个胸怀宽广的人

"文革"前，大姐是一个中学的党支部书记。"文革"中，受过批，挨过打，被剃过头。记得有一次我去上海，给她买了一块人造丝的小格格料子，并请人裁剪给她做了件衬衫。她挺高兴穿上就去上班了。不料晚上去她家里时，看到她后背满是伤痕，喜爱的新衣服已经被打得全是大大小小的窟窿眼，头发也被剃光了。我真是心疼她。但是她是一个很豁达的人。她对我说："群众运动过激点也难免，不能恨群众。"在她被解放复职后，她对我说："对反对过我的人，要正确对待，不能记仇。"后来她在对待工作分配和毕业生分配上该怎么分配就怎么分配，绝没有对反对过她的人进行报复。正是因为她能以宽广的胸怀对待反对过她的人，所以学校里的人对她都很佩服。这是一个真正的共产党员的可贵之处。

总之，在大姐身上，我看到了一个老共产党员的优秀品质和在她身上体现出来的中华民族的传统美德。我看到了她的一颗善良的心和对同志真挚的友情，看到了她助人为乐和廉洁奉公的高尚美德。我体会到了她对青年一代的关心和爱护，体会到了她对我的姐妹般的感情。我永远不会忘记她对我的深情，她永远是我学习的榜样。我要向她学习，争取做一个像她那样品德高尚的人。

8. 他就像我的亲弟弟

——记刘甫丰和我的友谊

刘甫丰是我在卫生学校工作时的同事，也是我的邻居。他是一个诚恳、老实、心灵手巧又热心帮助他人的人。我们在一起相处了 22 年。亲如姐弟，建立了深厚的友情。

一、他是我家全方位的义工

小刘是物理老师，他的手很巧，什么东西都会修，他又很热心，乐于帮助别人。院子里谁家的东西坏了，他都会主动不厌其烦地帮助修理。我们家里的东西坏了，也少不了找他来帮忙。什么电灯不亮了，收音机不响了，孩子的小汽车不会跑了，钥匙丢了开不开门了……诸如此类，我都会去找他，他不一会儿就给鼓捣好了。有一次我家老太太梳头用的叉子太长了，他很快地把它截短了，还磨得光光的，老太太马上就用上了。老太太表扬他说："刘叔叔可真能干，什么东西到他手里一鼓

上图，刘甫丰在给邻居修电器；下图，刘甫丰在教课

捣就变好了，和他做邻居可真享福。"他有一个工具箱，里面装了许多工具。当他修理东西的时候，我的哑巴儿子总是爱跟在他后面给他递工具。有时候，儿子也会把他的东西搞坏了，他一点也不在意，从来也没有嫌弃过。有时候他还教我的儿子发音，恨不得让他马上会说话才开心。他总是对我说："他也怪可怜的，要对他特别好才是。"小刘对我的女儿也很好，我的女儿学走路的时候，他可是花了大力气，每天下班回家，常常教她学习走路。他是个大高个，我闺女特别矮。他总是蹲在地下，拉着她的双手，自己一步一步往后退，让我闺女一步一步向前走。就是在他的耐心训练下，我的女儿才学会了走路。这是一般的亲舅舅都很难做到的，也是一般的保育员比不了的。

你看，他不仅是我们家的义务"修理工"，还是我们家不收费的"育儿工"，所以我笑称，小刘是我们家全方位的义工。

二、他年年给我们送来温暖

当时我爱人常年在外出差，家里的事根本就不可能管。我们家那时住的是一个大杂院，没有暖气，每年冬天都要安装火炉。小刘怕我们的孩子挨冻，每年总是提前把火炉给我们安好，所以，他是年年都给我们送来温暖的人。有一年冬天来临，外面刮着呼呼的西北风，屋子里显得比较冷。我发愁，怕孩子冻病了。正在这时，小刘拿着工具推门进来了。他说："对不起，今年我来晚了，让你们挨冻了。你知道，我做了盲肠手术，刚刚出院，所以就耽误了及时给你们安炉子。"他站在桌子上一边安烟囱管一边对我说。听了他的这番话，我说："你快下来吧！别安了，可别把缝伤口的线崩开了。"他毫不在意，笑眯眯地对我说："没事，你看我不是挺好的吗？"他还是继续忍着疼痛给我安炉子，直到完全安好为止。我当时很是过意不去，就是自己的亲弟弟也不一定能做到这分上。我深深地被他助人为乐的精神所感动，我也体会到他对我的一份浓浓的友情。

在他是单身汉时，我有时帮他缝缝被子，他结婚后有了孩子，我有时也帮他接接孩子。但是我真是为他做得太少太少，他为我做得很多很多。我总觉得我欠他的情太多。当我把这种心情透露给他时，他却笑咪咪地对我说："你年纪比我大，是我的大姐，爱人又常年出差在外，家里确实有特殊困难。我年轻，帮帮你，难道不应该吗？"

三、他忘记自己的病痛，还来帮助我

1981年，为了克服家里的困难，我调到一个离家比较近的学校。我和小刘虽然已经不在一个单位了，但是，我们的联系从未停止过。我们的友谊真是地久天长。每逢节假日，他常常会给我来电话，关心我的身体，关心我的家庭和孩子，问我有什么困难需要他的帮助。他出现什么困难也会向我倾诉，征求我的意见和解决问题的办法。有时我们也会约在一起聚一聚，每次到他家里他总是热情招待，拿出家里最好吃的东西来招待我。

21世纪初，他得了脊柱癌。我知道这个消息以后，心里特别难受。趁他到人民医院做治疗的机会，我带着营养品，赶到医院去看望他，也在力所能及的范围内给了他一点营养费，以表达我这个做姐姐的一点心意。他忘记了自己的病痛和身体的不适，抓紧时间不停地和我聊天，问长问短地关心我们全家。他问我：老伴身体怎么样？聋哑儿子好不好？女儿结婚了没有？工作理想不理想？当他得知我的儿子上班很远，又听不见闹钟的铃声，我每天得在4：30就起来给他做早饭，5：00叫醒他时，他就说："你也年纪大了，这样累是不行的。我来给他做一个'自动叫醒器'，利用振动把他叫醒，这样你就可以不起那么早了。"他在自己疾病缠身时，还在不断地关心我和我的家庭，真让我万分感动。过了没几天他就让他的儿子把做好了的"自动叫醒器"送到了我家里，并且打电话告诉我应该怎样用。他还嘱咐我："小健爱拆东西，你就别管他，他爱拆就让他拆。如果他弄坏了，只要我还活着，我就一定保证给他修理好，让他用着方便，你也省点事。"听到他在电话里传来的这一番话，我深受感动，眼泪夺眶而出。一个危重病人，不顾自己的休息和养病，还这样关心别人的困难。这种大公无私的精神让我永生难忘。我知道，这时候他也会有很多困难，我就联系卫校的老同事，发动大伙给他以帮助。由于他平时助人为乐，热情帮助过大家，大家也都向他伸出了援手。

　　过了不到三个月，他就病逝了。临走前他的头脑还是很清醒的。他对儿子说："你一定要打电话给姑姑，告诉她，我就要和她永别了，让她好好注意身体，照顾好健健。"在开追悼会的那天，我赶到了宣武医院，我不想离开我的这个弟弟。随后，我又跟车到了八宝山，我含着热泪一直送我的弟弟远去。他是一个品德高尚、心地善良的人，我要好好向他学习，做一个像他那样关心别人、助人为乐的人。他永远活在我的心里。

9. 他俩都是我的好朋友

——记李万生、万炳荣和我的友谊

李万生和万炳荣是夫妻俩，他们都是我在卫生学校的同事，而且都是在政治教育科工作，我教哲学课，有时也当过班主任，他们两个也都当班主任，所以我们在工作上有很多联系和配合。接触也比较多，成为很好的朋友。

一、他先帮助我写完了学生的鉴定

1963 年，我第一次当了班主任，而且是一个比较乱的班。到学期末，要给学生们写鉴定。这可难住了我，写什么，怎么写，我心里一点也没有底。正在我发愁的时候，我们学生科的李万生同志走到我的跟前，问我："你怎么了？为什么老是皱着眉头？有什么发愁的事？"我说："这鉴定我真不知道怎样下笔，特别是对那些毛病比较多的学生，真不知怎么写。"他当过多年的班主任，在这方面是很有经验的。我真想让他帮帮我，但是又不好意思开口，因为他也在赶着给他们班写鉴定，时间要求又是那么紧。他看着我发愁的样子，就毫

好朋友李万生和万炳荣与作者的合影

不犹豫地对我说："我帮助你先写完，再写我的吧！"于是他先告诉我写鉴定的原则：一是先要肯定学生的优点，这样可以鼓励他们的积极性；对于他们的缺点，最好不要直接写，这样容易挫伤他们的积极性。他认为对缺点也要指出，但可以用提出希望的方式来写，这样做学生就比较容易接受。接着他就一个一个帮助我分析学生的优缺点，并且具体地指导我应该怎样写更合适。在他的帮助下，我顺利地按时完成了给学生写鉴定的工作。帮我写完鉴定，他自己就得开夜车突击写他们班学生的鉴定了。我在给学生做鉴定的工作中，不仅向他学习到了怎样写鉴定的方法，更重要的是让我看到了他是一个乐于帮助别人的人，他的优秀品质是我学习的榜样。在这个过程中，我也感到了他对我真诚的友谊，以后我们就慢慢地成了好朋友。

李万生的爱人万炳荣也在学生科工作。当时我教 632 班的哲学课，她是这个班的班主任。她总是主动地把学生中存在的思想情况告诉我，以便我能够联系同学们的思想来进行讲课。我也会主动地把学生在课堂上的表现，他们对学习的态度和学习成绩告诉她，她也可以帮助做一些思想工作。我们配合得相当默契，是一对工作中的好搭档。

在下乡劳动中，我们和学生们一起同吃、同住、同劳动。在搬玉米秸的劳动中，我们一起组织学生们用绳子捆住玉米秸，从而提高了工作效率。我们在工作中也建立了深厚的友谊。

二、在职称考试中他们无微不至地关心我

1981 年，我已经调离了卫校，但是我们还是经常联系。我们还是像好朋友一样的经常来往。1989 年，为了评职称，我到外面去参加英语考试。考场正好离他们家比较近。他们就让我头天晚上住在他们家里。

那天晚上我比较紧张，没有睡好觉，第二天早上，头疼得很厉害，眼睛直冒金花，我想："这下可糟了，准考不好。"我把这种情况告诉了老万，她给我吃了药，但还不放心。又不辞劳苦地给我进行按摩治疗。她先给我按摩了合谷穴和百会穴，使我的头痛立即缓解了；后来她又给我按摩了太阳穴和印堂等穴位，我的眼睛马上也明亮了。

老万还赶了个大早，给我做了一顿很丰盛的早餐，有牛奶、鸡蛋、馒头，还给我端来了一碗热腾腾的平常难得吃到的牛肉汤，她对我说："多吃点，好参加考试，争取得到好成绩，评职称就没问题了。"那顿饭确实美味可口，我都吃得有点撑着了。我想，他们对我这样好，如果考不好就对不起他们了。

我是个马大哈，带的笔和文具都不够，老万就给我准备了好几支圆珠笔、橡皮、涂改液等，就像送孩子初次上学一样。弄得我真有点不好意思。

我连眼镜也忘了带，老万担心我找不到考场，耽误了考试，就一直把我送进了考场，还按号码找到了座位。临走时，她还一再嘱咐我说："你要仔细审题，看清题目的要求，千万不要马虎大意。"还鼓励我说："你要有信心，我相信你一定能考好。"然后，她才返回家中去吃她的那顿很晚的"早餐"。他们就是这样像对待孩子一样地关照我，他们就是这样对我亲如手足，不，就是亲兄妹也不一定能做到这分上，这份深情厚谊使我永生难忘。

三、旅游中的深厚友情

1989年中专处让我去黄山疗养。我在南京寻找去黄山的班车时，突然发现了老李和老万，他们也是去黄山疗养的。我真是喜出望外，我想，我们还是真有缘分，在这儿又相会了。以后我们仨一直形影不离，我们天天一起出游、一起爬黄山、一起游太平湖、一起钻溶洞……我们同吃、同住、同欢乐。我们在爬黄山时，老李总是把最重的东西背在自己的肩上，好让我们两个女同志轻装前进；在游太平湖时，船离岸比较远，老李就使劲拉着我的手，怕我出危险；在钻溶洞时，他们总是提醒我，什么地方地不平，什么地方有台阶，什么地方地下有水。老李说："裴，你注意点，这儿地不平，小心崴脚"，"这儿有水小心滑倒"；老万说："你的脚踝是习惯性扭伤，要特别加以小心，要是崴了脚，你可就玩不成了。"每次出行前，老李总是准备三份午餐，每次都有我一份。他就是这样把我当作他的家人一样对待。

在黄山，我感冒了，得了气管炎，咳嗽不停，当时没有药吃，也找不到医院，老万很为我着急，就到处打听谁带了抗菌素，最后在他们单位王大夫那里找到了药，吃了药，我的症状才得到了缓解。

后来我们到了老李的老家——南京。他就带我去参观"胜棋楼"和"中山陵"等名胜古迹。还带我到他的哥哥家里去，而且一定要留我吃饭。当时火车票很不好买，他就让他们家的亲戚帮我买好了返回北京的火车票。临走时，他们送我上火车，为我找好了车厢和座位，还把我的行李放上了行李架，等一切都安排妥当了，他们才离开。他们就是这样，该做的他们都做到了，而且是照顾得那么周到。我感到我们虽然不是亲骨肉，但是，在一起就像亲兄弟姐妹一样。

四、他们对我的家人也关怀备至

我有一个残疾孩子，存在着很多问题和困难。孩子小的时候，不会嘬奶，经常得肺炎，老万是医生，她经常为我做指导，让孩子慢慢长大。我还有一个孩子，在青春期，常常和我顶嘴、吵架，面对这种情况，我毫无办法，老万常常给我出点子、想办法，帮助我缓和改善和孩子的关系，对我帮助很大。

有一次我嫂子到北京来了。她肝脏不好，想顺便找个好中医瞧瞧病，正巧李万生在中医医院进修。他得知后，马上给挂上了著名肝病专家关幼波的号，并陪她去找医生看病，最后还告诉她养好肝病应该注意的事项。

总之，李万生和万炳荣他们俩都是我最好的朋友。从他们身上我感到了友谊的温暖，和他们在一起我感到快乐和幸福。从他们身上，我看到了他们先人后己助人为乐的高贵品质，看到了他们勤勤恳恳的敬业精神。我为有他们这样的朋友而感到骄傲和自豪，我要向他们学习，我要做像他们那样的有高尚品质的人。

10. 我的良师益友

——记王春菁老师和我的友谊

20 世纪 90 年代初，王春菁老师是南洋培训学校少年英语班的主讲老师，我是这个班的班主任。她负责讲课，我负责组织学生和联系家长，从此开始了我们长达 17 个月的合作，并且建立了我们深厚的友情。

一、从"敬而远之"到成为"良师益友"

王老师的母亲是英国人，父亲是中国人。她长着一副外国人的面孔。开始我对她"保持距离""敬而远之"，后来，我发现她是一个和蔼可亲的老人，她很随和，没有一点架子，而且乐于助人。当她得知我也在教孩子们学习英语时，就主动对我说："如果你有什么问题时，就打电话给我，不要客气。"她还马上把电话号码留给了我，并且表示今后一定尽力帮助我。她的热情使我非常感动，于是我们之间的"鸿沟"也就马上消除了。

有一次，我鼓起勇气对她说："您能再收一个学生吗？"她回答说："当然可以。这个学生是谁呀？"我说："远在天边近在眼前，这个学生就是我，您要把我和其他的学生一样看待，我如果发音有什么错误，您就给我纠正，我一定虚心向您学习。"于是我就成了班里最老的学生。我和学生一起听课，一样举手回答问题，有了错误，她就耐心地给我指出，这使我受益匪浅。

王老师年事已高了，78 岁了。我怕她太累，就说："我当您的实习助教，您教新课，我给学生们复习旧课，行不行？"她回答说："当然行，那很好嘛！"

王老师以她标准的伦敦音带领学生读单词，念课文。我配合她给学生做替代练习，比如，她说："There is a tree in the middle of the garden."（在花园中间有一棵树。）我就拿出图片来让大家说："There is a playground in the middle of the school."（在学校的中间有一个操场。）"There is a plane in the middle of the sky."（在天空中有一架飞机。）等等。然后把学生们分成两个组，一个组问，一个组回答。这样我用的时间就超过了王老师讲课的时间。课下，我觉得我做得很不礼貌。我抱歉地对王老师说："对不起，我今天喧宾夺主了。"但是，王老师一点也不介意，她笑着对我说："这样做很好嘛！我们两个人合作得就像一个人一样。"这使我十分感动。在和她一起工作的17个月里，我不仅

王春菁老师和师生在一起

从她那里学到了标准的伦敦音，而且学到了宽广的胸怀和开朗的性格。

在这期间，我经常打电话向王老师请教，她总是有求必应，有问必答，而且总是不厌其烦地反复耐心地讲解，直到我明白了为止。我从她那里获得了许多书本上得不到的知识。她告诉我"风车"在英语中叫"wind wheel"（风轮），因为风一吹它就会像轮子一样转起来。她告诉我"羽绒服"英语中称它为"down coat"。我对这个单词不得其解，她就耐心地解释说："动物的毛有两层，上面一层是毛，很硬；下面一层是绒，很软。我们穿的羽绒服是用下面一层的绒做的，所以就叫作'down coat'。"经过她这么一解释，我马上就明白了这个单词的由来和含义。我感到英语的构词是如此的形

象和巧妙，从而激发了我学习英语的浓厚兴趣。我之所以能一直坚持不懈地学习英语，和王老师的帮助是分不开的。王老师那时已经 80 有余。在这样的高龄，分文不取，不辞辛苦，热情地帮助我。从她身上我不仅学到了地道的英语，而且看到了她的一颗火热的善良的心，感受到了她那热情、诚恳、助人为乐的高贵品质。

二、她积极支持和帮助我搞好教学

后来南洋培训学校因故停办，但是我和王老师的友谊仍然继续着。我们经常用英语聊天，交流彼此的思想和认识，谈论对各种事物的感受和看法。我们探讨得最多的就是用什么方法能够更好地教会孩子学好英语。

我告诉她，为了鼓励学生进步，每逢节日，或是学习告一段落时，我都会送给学生一张画片或是一个笔记本。上面写着对他们的评语和鼓励的话。一方面肯定他们的进步，同时提出希望，指出他们今后努力的方向。这种做法收到了比较好的效果。王老师听在耳里，记在心里。于是她就每年都把世界各地的亲友们在新年和圣诞节送给她的许多漂亮的贺卡转送给我，以便帮助我鼓励孩子们学习的积极性。

2000 年，王老师编著的《汉英成语分类词典》正式出版。她马上送给我一本作为纪念。上面写着："Dear Wan Hua:I hope you will find this book interesting and helpful."（亲爱的婉华： 我希望你将对这本书有兴趣并对你有帮助。）这本书我一直珍藏到现在，成为她留给我的永久的纪念。在我遇到问题时，常常会从中找到答案，就像王老师在世时在给我耐心地解答问题一样。

王老师是个热爱生活，热爱大自然的人。每年我们都会一起到颐和园或是植物园去欣赏大自然的美景。我们一起观看盛开的鲜花，一起坐在草地上用英语谈心，一起散步，一起品尝各自带来的美食。有一次刚走进颐和园，她就拉着我的胳膊，风趣地对我说："You are my walking stick."（你是我的"活拐棍"。）我也开玩笑地对她说道："You are my walking dictionary."（你是我的"活字典"。）说完后，我们俩面对面地看了一眼，一起哈哈地大笑起来。说她是我的"活字典"是一点也不假。每当我遇到解不开的难题，在字典上又找不到答案时，总是王老师帮助我解决问题。她对我的帮助是大大的，我从她那里学到了许许多多书本上学不到的东西，真是受益匪浅。

王老师还是个多才多艺的人。她曾经获得过全国网球冠军。她的钢琴弹得很好，她的歌声也很美妙。她有时候还教我唱一些英语儿童歌曲，例如《数字歌》《字母歌》《放风筝》等都是她教我的。我学会了以后，在上课的时候就教给我的学生们唱。这样就使我的课也上得比较生动活泼，形式多样，更适合孩子的年龄特点。我之所以能做到这些，是和王老师的启发和帮助分不开的。

三、她在生活上对我也十分关心

我常常到王老师家里去。每次去她家里时，她都热情地招待我。一进门她就会把饼干盒子打开，拿出她自己做的蛋糕和小点心来招待我。她对我说："I made them myself.You have them."（它们都是我自己做的，你吃。）她还要我多吃些，并且告诉我制作的方法，让我回家也可以给孩子做着吃。紧接着她就布置小时工出去采购鱼、鸡翅根和蔬菜。她对我说："She can cook the fish delicious."（她能把鱼做得很好吃。）饭后，她还会拿出水果来招待我。午休后她会给我解答问题，还会拿出她新照的相片给我看。王老师是个环保观念很强的人，她带我到阳台上去看她种的各种花草，还会介绍一些奇特的花草的品种和产地。她 90 岁高龄还担任楼门长。在她的带领下，楼道打扫得干干净净，拐角处，摆着一盆盆花草和常青树。有时，她会带我到院子里去散步，她介绍说："Long long ago, I went to the mountain to pick up the tree seeds.Then I planted them in this yard. Look! now they have already grown up the tall trees."（很久以前我到山里去拾了树种，然后种在这个院子里。你看，现在这些树长得多么高了。）她指着那些郁郁葱葱高大挺拔的松柏树自豪地对我说。她还拿出 10 万元设立了一个环保奖学金来奖励那些学习优秀的女孩子，鼓励她们积极从事环保工作。由此可见她对公益事业是多么热心。

有一次我告诉她我即将搬进新居了。她听后很高兴，一定要来看看我的新家。但当时，她已经是 84 岁的老人了，她的家离我的新家又很远。我怕她太累，想婉言谢绝，但是她坚持一定要来看看我的新家，她还带了许多礼物来祝贺我的乔迁之喜。这让我深受感动，也很过意不去。这虽然是件小事，但是却体现了她对我真挚的友情。

四、她的敬业精神是我学习的榜样

王老师是一个热心教育事业，有奉献精神的人。她长期分文不收，义务教孩子们学习英语。她既教过许多名人的后代，也教过许多平民百姓的子女。后来家长们见她年龄这么大，还在义务教孩子们，很过意不去，就一定要求交点学费。在这种情况下，她就象征性地只收极少的学费。

1998 年，她的老伴去世了，王老师自己没有固定的工资，而她的开销又比较大，她年纪大了，需要请保姆帮忙；她腿脚不灵便了，出门办事，要"打的"；她的外国亲友来了，要尽量招待，这些都需要比较多的开支。我劝她说："您说了一口流利的英语，和外教是一样的，可您收的学费还没有中国家教多。您现在生活上有一定的困难，您就提高一点讲课费吧！"她执意不肯。我只好和一个家长背着她，召开了一个家长会，把她的情况和困难告诉了大家，这样才算稍微增加了一点学费。从她身上我看到了她的一颗"无私奉献""不求回报""克己为人""乐于助人"的善良之心。她的这种精神对我也产生了很大的影响，以后我对一些家庭有困难的孩子也免费进行"义务家教"。

王老师在 90 多岁的时候还在教十几个孩子。我劝她说："年龄不饶人，您就悠着点劲，少教几个学生吧！"她回答说："I never think how old I am.I can do something for children.I am very happy."（我从来不考虑我的年龄，我能为孩子们做一些事，我很高兴。）一直到 93 岁高龄时，她还在教课。2008 年，她摔了一跤，不能走路，坐上了轮椅，耳朵也听不见了，她才不得不停止教课。王老师就是这样一个活到老干到老的人。她的敬业精神是我学习的好榜样，一直激励着我努力学习英语，坚持进行教学。现在很多亲友也在劝我，他们说："你辛苦了一辈子，现在年纪大了，身体也不好，家庭负担又重，就别再学英语教英语了。"我感谢他们对我的关心，但是一想起王老师，她在 90 多岁高龄时，还在进行教学，我比她那时小了 10 多岁为什么我就不能教呢？每当我想打退堂鼓，每当我想懈怠的时候，王老师就会出现在我的面前，好像她在对我说："坚持，坚持就是胜利。"于是我又鼓足了勇气，下定了决心，像王老师那样活到老干到老，为孩子们做一些力所能及的事。我之所以能在老年时期，坚持学习，坚持做一些力所能及的事，是和王老师的影响、帮助和鼓励分不开的。

总之，王老师是一个很有人格魅力的人。从她那里我不仅学到了纯正的英语，而且学到了应该怎样生活，怎样做人；从她那里我感到了友谊的温暖和力量；从她那里我感受到了她热情开朗的性格和宽广的胸怀；从她那里我学到了她的助人为乐和敬业的精神。王老师是我最好的良师益友，她永远是我学习的好榜样，她永远激励着我不断前进。

11. 我的美国朋友

——记海伦和我的友谊

海伦是我的英语老师王春菁的美国朋友。当时她在北京国际学校任教。有一次王老师让我带她到颐和园去买一张月票。从此开始了我们友好的交往。

一、有趣的毛遂自荐

在一个初春刮着大风的早晨，我按照约好的暗号，手里拿着一张报纸，站在颐和园门口铁狮子塑像下等候着美国朋友海伦。不一会儿来了一个高个子打扮得很漂亮的外国朋友，她上下打量着我，看了看我手上拿着的那张报纸，用洋腔洋调问我："你是王老师的朋友裴婉华女士吗？"我回答说："是的。"就这样，经过毛遂自荐，我们相识了。买完月票后，我们就一起到颐和园里去散步。

那天，风越刮越大，天气很冷。我身上穿着两件毛衣，一件棉背心外加一件羽绒服，都觉得寒气逼人。一看她身上只穿了一件薄绒衣，下身只穿了一条呢裙子和一双长筒袜。我心里想："他们老外可真经冻呀！"可是抬头一看，她的嘴唇冻得发紫。看她冻得那个样子，我很过意不去，就马上脱下一件毛衣递给了她。虽然是初次见面，当时她也顾不了那么多，马上就把毛衣穿上了身。她暖和过来后，高兴地拉着我的手对我说："Thank you very much. It's very kind of you."（谢谢你，你真善良。）就这样开始了我们持续了很长时间的真诚的友谊。

二、友好相处，彼此帮助

以后我们就经常来往。有时她到我家里来坐坐，聊聊天；有时我们一起去逛颐和园。她和我是同龄人，体力相差无几，又都是教师，有共同语言，很谈得来，所以我们能说到一起，玩到一起。 我们最喜欢的活动就是绕着昆明湖走一圈，边走边用英语聊天、边照相。走累了，我们就在湖边

美国朋友海伦和朋友们在一起

的亭子里坐下来休息。我们望着湖面上划着小船的欢乐的人们；眺望着远处佛香阁的美景， 她总是在我耳边不停地赞叹道："It's so beautiful！ Wonderful！"（如此的美丽！好极了！）我们都感到心旷神怡。于是敞开胸怀，无话不谈。我们彼此介绍着自己的家庭、子女和孙辈们，说着他们淘气的有趣的故事，我们也谈到自己的工作和爱好，谈论自己的学生们，彼此无拘无束，非常惬意。休息时，我们各自拿出自己准备好的小吃让对方品尝。我们相处得像朋友又像姐妹，周围的游客都用羡慕的眼光看着我们两个肤色不同的老姐妹如此友好相处，都为我们感到高兴。

一路上，我们有说不完的话题，其中最重要的内容就是教对方说自己国家的语言。她教我说英文，我教她说中文，互相帮助，彼此学习。 有一次她用中文对我说："上次我迷了路，我找不到你的家。"她用洋腔洋调说这句中国话，惹得周围的游客们发出一阵阵友好的笑声。她自己也忍不住哈哈大笑起来。这时我就赶忙给她纠正语调。她连连点头说："我要好好向你学习中文。"我们一路用英语交谈。我的听力不好。她说慢了，我连猜带蒙最多也只能明白她一半的意思。说快了，我一点也听不懂，我就对她说："I don't understand what you say.Can you speak slowly？"（我不明白你在说什么。你能说慢一点吗？）这时，她就一遍一遍地耐心地重复，直

到我明白她的意思为止。我的英语水平不高，常常会出现一些语法错误，也常常会说一些中国式的英语。她都会一一认真地帮助我纠正，并且热情地鼓励我说："You can speak good English.You have made big progress in English."（你能说一口很好的英语，你在英语方面有很大的进步。）她对我的鼓励更加增强了我学好英语的信心。

三、热情地帮助我的学习和教学

一天，海伦给我打电话，让我到清华西门去等她。我以为她是让我和她一起去遛弯和聊天。但见到她和往常不同。她左手拎着一个大包袱，右手提着一个大书包。我问她："你找我有什么事？"她笑着说："你看，我给你带来了一些你教学上用得着的东西。"她接着打开了那个沉甸甸的包袱，她对我说："我知道你喜欢学习英语，现在正在学习《走遍美国》，我给你带来了全套《走遍美国》的录像带和一台录像机。这样，只要你有空，随时都可以学习，比较方便。"接着她又从书包里拿出三个盒子来。她说："这个你教学上用得着。孩子们都喜欢动物，这里有几十种动物的模型，拿这些模型做教具，比较形象，孩子们学起来，看得见就容易记得住。另外还有两盒拼图，让你的小外孙拼着玩，可以发展他的智力。"看到那些动物模型，我真是高兴极了。这些东西我早就想要，但是找不到，现在有了，这对教学太有帮助了。录像带对我学习英语也特别有用，但是录像机是比较贵重的东西，我觉得随便接受一个外国朋友这样贵重的东西不大合适。我说："谢谢你。录像机你先借给我用，用完后我再还给你。"当时，她没有说什么。第二天我接到王老师打来的电话，她说："海伦让我一定要说服你接受她赠送的东西。她有两台录像机，她自己用一台，另一台闲着也没有用，你拿去用可以发挥作用。"她出于帮助我的一片真心，我怕再拒绝就会伤了她的心，只好同意了。我想，以后有机会再回报她。

实际上，她也没有把我当外人，她有什么需要也会对我说。有一次，她对我说："我很喜欢荞麦皮枕头，你能不能送我一对。"我想办法给她买到了荞麦皮。还亲手为她绣了一对补花的枕头套送给她。后来她又说："我的朋友也喜欢荞麦皮枕头，你也送她一对。"我也照办了。后来她邀请我参加她的婚礼，我也送了一些她喜欢的东西。看起来，表面上这只是礼尚往来。实际上，这里包含着她对我学习的关心和对我教学工作的支持，表现了我们已经是很亲密的朋友，体现了她对我真诚的友情。

四、我们的友谊地久天长

后来，海伦随着丈夫回到美国去了，我想这段友谊也即将就此告一段落，可是出乎我意料，有一天，我突然接到海伦从美国打来的电话。她说："I have arrived in Washington DC and I settled down here.I miss you very much."（我到达了华盛顿并且在这儿定居了。我非常想念你。）她表示希望我有机会能到华盛顿玩玩，到时候，她会开车带我到处转转。我们虽然一个住在东半球，一个住在西半球，中间隔着一个浩瀚的太平洋，但是她始终没有忘记我这个中国朋友。即使是回到了美国，还给我来电话，我真是喜出望外，心里特别高兴。

以后我们虽然见不到面，但是每年我们都会通过电话进行长时间的交谈。我会在圣诞节和她生日时，打电话给她，表示祝贺。在电话中，我会告诉她北京城市面貌的巨大变化。北京有了地铁和轻轨，交通四通八达，十分便捷。许多高楼大厦就像雨后春笋一样拔地而起，这使我这个北京的老住户出门都会不认识路。我还告诉她，在我住的周围高楼大厦和漂亮的居民小区已经取代老旧、矮小的平房和垃圾场，宽阔的马路已经代替了过去的泥泞小路。你如果再来北京又会迷了路，又会找不到我的家了。在春节和我过生日时，她也会打电话给我表示祝贺。她会告诉我她家里的好消息，诸如她的105岁的老妈妈身体仍然十分健康，她的女儿又添了一个可爱的小宝宝……她也会高兴地问候我们全家人身体可好，小外孙多大了，学了些什么东西，淘气不淘气……我会邀请她再次来北京。我告诉她如果她再来北京，我会为她再做她最喜欢吃的炸茄盒和其他中国菜来招待她 。2009年11月7日晚上都11点半了，电话铃突然响了，我很纳闷，心想："这么晚是谁给我打来电话呢？"我拿起电话就听到："Hello, Wanhua.Happy birthday to you."原来是海伦打电话来祝贺我生日快乐。听到这句话，我才明白过来，今天确实是我的生日，我自己忘了，我老伴忘了，我的女儿也忘了，但是作为一个外国朋友她却牢牢地记住了我的生日并按时打来了祝贺的电话。当时我十分激动，我被她的热情、诚恳所感动，我将永远珍惜这份真挚的友情。

现在，我们还保持着联系，有时我们互相发电子邮件，有时通过可视电话互相聊天。她会告诉我许多有趣的事情，也会给我发来许多照片。其中有她生日晚会上快乐时刻的照片；有她的孙辈们，可爱的孩子们的照片；有一次还发来了一只停在她的窗台上的大老鹰的照片。我在邮件和聊天中会告诉她我正在用她送给我的动物模型给我的小外孙开了个"家庭动物园"，他已经学会了说40多种动物的名字，还会说鱼会游泳，鸟会飞，大象有一个长鼻子，袋鼠有一个大口袋，长颈鹿有一个长脖子……后来，我又告诉她，小外孙参加了冰球队，现在长得又高又结实。她听后都特别高兴。她还提出来要在电脑上教我的小外孙学习英语。虽然因为时差的关系，没有能够教成，但是我体会到了她不仅关心我，还在关心我的下一代的健康成长。我从心里感谢她对我无微不至的关心和帮助，也进一步体会到了她对我的真诚的友情。

五、她特别关注我们举办的奥运会

每当我谈到我们家里的一些有趣的事情时，她都会为我们而高兴。每当我谈到北京的巨大变化，谈到中国取得的伟大成就的时候，她都会为我们的进步而欢欣鼓舞，并且向我表示热烈的祝贺。我记得2008年，当我们取得举办奥运会资格的时候，她向我表示了祝贺。奥运会在北京举办期间，她告诉我，她虽然远在太平洋彼岸，但是她一直通过电视在注视和观看有关的节目。她很赞赏我们的开幕式和闭幕式，她认为开幕式很雄伟，闭幕式很精彩。她十分关心中国运动员在各个项目中取得的成绩。她认为中国乒乓球队、体操队、跳水队的成绩是极其优秀的，中国运动员在其他方面的成绩也是优异的。当她听说中国运动员金牌总数在全世界获得第一名时，她高兴地在电话里向我表示热烈的祝贺，她把我们取得的成绩看作像她们自己取得的成绩一样。她的这种表现使我深深地体会到了美国人民对中国人民存在着深厚的友情。

总之，中美人民之间的友谊是永恒的，牢不可破的。不管今后形势发生怎样的变化，道路怎样的崎岖、坎坷和曲折，但是，中美人民之间的友谊是地久天长的，是与世长存的。

12. 他们是我的好老师

——记杨秀琴、侯春辉老师和我的友谊

杨秀琴老师和侯春辉老师是夫妻俩，他们都是外国语大学毕业的，而且又有多年从事外语教学和工作的经验。他们又是我的邻居，所以他们就成为我学习外语和进行外语教学工作的启蒙老师和引路人。在他们无私的帮助中，我们也结下了深厚的友谊。

一、他们帮助我在学校组织了"英语角"

当年我上学时，虽然有英语课，但是，老搞运动，对英语也不重视，所以，就没学到多少东西。后来随着政治上的"一边倒"就改学俄语了。30多年过去了，当时，我从未再摸过英语书，忘得也差不多了，因此英语基础是挺差的。

1989年，我认识到英语在改革开放后的重要性。为了帮助学生"充电"，我决心在学校里给学生办个"英语角"。但是，就凭着我这样薄的底子，想办"英语角"谈何容易？我之所以能有决心和胆量去干，就是因为有杨老师、侯老师两位做我的坚强后盾。有了他们的帮助，我就什么都不怕了。

当时，学生纪律很不好，我试图通过"英语角"的活动，一方面提高他们的英语水平；另一方面对他们进行纪律教育。我组织他们用英语来说，在教室、在阅览室、在食堂、在宿舍、在公共汽车上都应该做什么？不应该做什么？我让他们分工，各自做好准备，然后，在"英语角"进行讨论，并在班上出了壁报，这个做法对加强纪律性起到了很好的作用。在准备过程中，

同学中遇到了许多英语的问题，其中很多我也不会，我就常常向杨、候二位请教，他们总是有求必应，从不拒绝。他们热心地帮助我，耐心地解答问题，有时还帮助修改有错误的地方。这对巩固我们"英语角"，长期坚持办下去，起了极为重要的作用。

有一年国庆节，我们组织了一次很成功的"英语角"活动。这次活动长达 11 个小时，内容十分丰富。有英语单词比赛；有用英语来说说国家、家乡、家庭的变化；有用英语介绍小月河的变迁；有站在高楼顶上用英语数周围有多少高层建筑；有唱英语歌等等。通过这次活动不仅提高了同学们的英语水平，激发了他们对英语学习的兴趣，同时也进行了一次生动的形势教育。这次活动的准备工作都是在杨老师的直接帮助下完成的。比如，我在准备用英语介绍小月河变迁时，我用英语根本写不了几句话，即使写了也有不少错误，杨老师就一句一句给我修改；我不会的，她就一句一句帮助我由中文翻译成英文，然后再一句一句地教我念，帮我纠正发音错误的地方。每天晚饭后，我们约好一起去小月河散步。她就让我试着说一遍。我自己再抽时间反复地背诵。同学们原来都知道我的英语底子并不好，搞活动那天，当我用流利的英语给他们介绍小月河怎样由一个臭水沟变成了休闲的好场所时，他们都大吃一惊。纷纷问我："您的英语怎么会一下子进步得这么快呢？"我对他们说："虽然我自己也努力，但是更重要的是有杨老师的热心和无私帮助。"这次活动之所以搞得很成功，和杨老师的帮助是绝对分不开的。

杨秀琴和侯春辉是作者的英语启蒙老师

二、她为我开办英语班保驾护航

退休后，我很想自己学一点东西，也想为孩子们做一点事。我对英语比较感兴趣，我开始天天学习许国璋英语，天天听他的录音磁带。我的邻居找到我，问我能不能教教她的女儿学点英语，我欣然答应了。但是我心里又很没底，我怕教不好，会出笑话，但是，我想："我有问题就去问杨老师，她一定会帮助我的。"于是，我又鼓起了办"少儿英语班"的勇气。

万事开头难。当我开始教孩子们学习英语，成为一名少儿英语老师时，家长们对我是不信任的，他们抱着试试看的态度。在第一次上课时，有的家长手里拿着一本字典，我每教一个字，他们就翻字典，看我的发音是否和字典上一致。当我教"tomato"（西红柿）这个单词时，我刚一念，一个家长就站起来说："您念的音不对，字典上不是这样标的。"当时我并不慌张，我说："您再仔细看看，字典上肯定是标的是两个音标，一个是您念的，一个是我念的，两个读音都是正确的，它们的区别在于一个是英音，一个是美音。"她听了以后，没再说什么就坐下了。我当时为什么这样胸有成竹呢？因为在备课时，杨老师一个一个单词都教过我，帮我把了关。

我在教学中，不是麻烦她一次、两次，而是数不清的无数次。我一有问题就去找她，她总是笑脸相迎，有问必答，详细讲解，耐心帮助。她常常是放下自己手头的备课讲稿，放下正在做的家务活，或是牺牲自己的休息时间，来帮助我解决问题。为了帮助我提高自学能力，她还主动教给我国际音标。她语重心长地对我说："掌握了国际音标，你遇见不认识的单词，只要一查字典你就能正确地读出来，这样就方便多了。"可以说，我就是在杨老师的保驾护航下，才能成为一位少儿英语老师的，否则是完全没有可能的，我从心里感谢她对我的热情和无私的帮助。

三、帮助我在高级职称考试中获得优异成绩

1989 年，在我参加英语高级职称考试前，他俩对我进行了全力的帮助，又一次为我保驾护航。

我对英语中的介词常常用错，我请侯春辉老师给我讲讲。他非常热情地、详细地把大多数常用的介词给我做了极为详细的讲解。他从下午一点多一直讲到五点才结束。他不仅给我讲解了不同的介词的各种用法，还举出了许多句型来加以说明。并且特别嘱咐我，在介词后面不能直接跟动词，只能跟动名词来构成介词短语。讲到后来，他的嗓子都沙哑了，还在不停地接着给我讲。他这种认真负责的精神和无私帮助别人的品质使我十分感动。

考试前一天晚上，都九点多钟了，突然传来一阵敲门声，开门一看原来是杨老师。进门后她气喘吁吁地对我说："最近有一些新的题型，你明天考试中肯定会出现。"接着她就把一个一个题型给我讲了一遍，并且把答题时要注意的事项详细地给我强调了一遍。还给我说了说，怎样用"排除法"来选择阅读理解中的正确答案。她真是很有经验，果真第二天考试中，就出现了好几道类似的题目，这不仅使我增长了知识，也使我在考试中又多得了好几分，我的考试成绩达到了90多分。考试后，二轻局干部处孙处长问我："在我们局里，全市老同志中考90多分的只有几个人，你这么大岁数了，怎么能记得住那么多英语单词的？"我回答说："因为我有两个好老师热心地帮助我。"所以，这次取得好成绩，和他们两位的热情帮助和辛勤劳动是分不开的，我感谢他们的无私帮助和对我的真诚友情。

四、带病帮助我审查书稿

2015年我写了一本《宝宝，姥姥教你说英语》的书。书中讲了一些教幼儿学口语的方法。写完后，我怕书中会出现一些英语方面的错误，就去两位老师的家里，请他们帮助我审稿。

当时，他俩年事已高，已经七十有余，而且体弱多病。杨老师高血压，头晕，天天都在打点滴。侯老师下肢血管闭塞，手术后出院才两个星期。在这种情况下，我就不好意思开口了。他们问："你找我们有什么事吗？"我吞吞吐吐地说："你们身体不好，算了。"他们一听，执意问我到底有什么事。我只好照实吐露了真情。他俩毫不犹豫地说："你把书稿留下吧！我们给你看看。"我说："你们慢慢看，不要影响休息和身体。"三天后，我就接到了他们打来的电话。杨老师告诉我说："书稿我们两个都看完了，你来拿吧！别耽误了出版。"我一方面喜出望外，另一方面也深深地被他们的真诚和热情所感动，他们不顾自己身体有病，这样忘我地来帮助我，使我内心深受感动，也使我很过意不去。而且他们不论是帮助我备课，还是帮助我干其他的事，全部是义务劳动，分文不取，这更使我过意不去。我有时也想送一点东西给他们，以表示感谢之心，他们也总是婉言谢绝。这里一方面表现了他们对我真诚的友谊；另一方面也表现出他们做人的高贵品德。他们就是那种只做奉献，不求回报的人。

总之，他们对我的帮助是大大的、多多的。他们不仅教给我英语的基本知识，而且帮助我办"英语角"，办"少儿英语班"，还帮助我通过了职称考试。我能从一个起步很晚，英语基础很差的人变成一个英语老师，这是和他们的热情无私的帮助分不开的。从他们身上我感受到了友谊的无比温暖和强大的力量，也从他们身上看到了他们为人处事时的高贵品德。我要向他们学习，也要无私地去帮助那些愿意学习英语的年轻人。

13. 他们教我学电脑
——在学习电脑过程中建立的友谊

有一次老哥对我说："电脑特别有用，如果学会了用电脑，你写东西、打讲义就太方便了。"我当时正在给孩子们上英语课，需要打讲义，有时也写点东西。听了他的话，我下定决心学习电脑。

说起来容易，做起来难。我原来就是个电脑盲，对于电脑这个现代化的玩意儿一窍不通，再加上我年纪大了，记忆力很差，反应慢，眼看不清，手又不灵，一开始，我连开机和关机都不会；想放大字也不知从何下手；想打字吧，我们过去学的老式拼音也用不上。有

孙淼给作者找回来书稿

些朋友劝我说："都这么大年纪了，还搞这些干什么？养好身体才是头等重要的事。"我也曾动摇过，想打退堂鼓，觉得学这东西简直比上天还难，真不是咱们老太太干的活。但是一想起电脑能帮助我快速地打讲义和写稿子，我就又舍不得放弃。我想："只要我虚心学习，天天练习，坚持不懈，总能学会吧！"

在我学习电脑的过程中，多亏亲友们给了我极大的帮助。他们向我伸出了友谊之手，不断地鼓励我，耐心地教给我有关电脑的基本知识和操作技能，使我才有了今天的进步。

一、他们热情地帮助我学习操纵电脑的基本知识

戴俊彦老师是一个杂志社的编辑，平时工作很忙，但他常常放下手头的工作来教我学习电脑。他说："你想写文章，首先就要学习新的汉语拼音。"接着他给我安装金山词霸的打字软件，还手把手地多次耐心地教我打字的基本方法。就是在他的帮助下，经过天天苦练，我才学会了在电脑上用中文打字。他还教我怎样开机、关机；怎样放大字体；怎样保存所写的东西；怎样收、发 e-mail；怎样用激光打字机打印所写的东西；怎样查找丢了的东西；怎样用 QQ 和亲友们聊天。他不仅教会了我电脑的基本知识，而且教会了我操作电脑的基本技能。后来，他得了重病，身体很不好，我就不忍心再去麻烦他了。但是有时遇见他时，他还总是关心地问我："电脑学得怎么样？有问题就尽管找我，不要客气，我一定帮助你。"他不顾自己体弱多病，还这样关心我，体现了他的无私和乐于助人的高贵品质，也体现了他对我真诚的友谊，使我深受感动，值得我好好学习。

楼下医务站药房的隗合翠是我的学生。她平时工作很忙，一天中只有中午一个小时的吃饭和休息时间。但是她不顾自己工作的繁忙和疲劳，总是利用中午休息时间匆忙地吃完饭，就赶到我们家来教我学电脑。我有时在改稿子时，要把一大段写好的文字从后面挪到前面去。我原来总是用笨法子，删掉原文后，再在前面重新打一遍，这样做很浪费时间。小隗就耐心地教我怎样进行剪切、复制和粘贴。这样我就可以把一大段文字直接从一个地方调换到另外一个地方去了，省了很多麻烦，节约了大量的时间。我以前是用 5 号字体来打字，字太小，看不清，修改起来也不方便。我自己又是用笨法子，删去 5 号字体，重新用 4 号字再打一遍。小隗教给我怎样用"编辑"里的方法去处理，省时又省力，大大地提高了工作效率。她还教给我怎样建立新文件夹，给了我不少的帮助。

赵勃同志是我的忘年之交。我在用电脑时遇见问题和困难，只要一打电话向他求援，他总是有求必应，利用中午休息的时间，骑着自行车赶来帮助我排除障碍，解决问题。当他来到时，我就觉得好像"救星"来到了，心里别提有多高兴了。难者不会，会者不难。有些问题看起来很简单，我却常常理解不了，操作起来也是笨手笨脚。他一点不嫌麻烦，总是耐心地反复讲解，反复示范，直到我完全理解了，并且学会了操作为止。每当我向他表示感谢时，他总是面带微笑地对我说："阿姨，别客气，能帮助您解决点问题，我心里很高兴，这是我应该做的。"多么朴实的语言，多么真挚的情感！我被这个年轻小伙子深深地感动了。

秦海荣夫妇用 7 个小时给作者清理了电脑垃圾，分了类

二、他们双双奋战，遥控帮我解决问题

我不会按电脑程序进行操作，人家给我讲了我也记不住，连什么地方该点一下，什么地方该点两下都常常弄错。电脑里的垃圾比比皆是。因此我的电脑的速度变得非常慢，启动开机就要接近两分钟，工作效率极低。这使我十分苦恼。

我的情况被 ABC 学校老年班的同学秦海荣得知后，她顾不得休息和繁忙的家务，星期天带着她的先生双双来到我家帮助我清理电脑里的垃圾，调整电脑的布局。一个管报题目，一个管操作。一边干还一边把电脑操作的基本知识教给我。他们连续作战，从早上 9：00 一直干到下午 4：00。经过七个多小时的苦战，不仅把我电脑里的垃圾彻底清除干净，而且还帮助我按照不同的内容进行了分类，把原来乱七八糟的东西弄得井井有条。现在我要找一点东西，或是要存一点东西都很方便。他们帮助我提高了电脑的运行速度，使电脑的启动时间还不到一分钟，这就大大地提高了工作效率。他们最后还不放心，怕我把写好的东西弄丢了，就用他们自己的硬盘帮助我做了备份，连硬盘一起送给了我。在整个工作过程中，体现了他们对我的真挚的友谊和他们助人为乐的高贵品质。我从心里感谢他们的无私帮助。

不仅朋友们帮助我，懂得电脑的年轻亲戚也尽力帮助我。我们离得都比较远，但是他们帮忙的热情一点不减。我有什么问题就打电话找他们，他们就用电话和手机遥控进行指导。有一次我的稿子不知怎么搞的文字倒置了，我没有办法发出去，心里很着急。我就给冯云打电话，她让我用手机照相，把文章中的问题显示给她，又让我把上面的一行字拍照传过去。她马上指挥我点上面的"格式"，再点"文字方向"，然后点现在的"文字方向"，再点要改成的"文字方向"。就这样，在她的遥控指导下，问题马上就得到了解决。我赶快把这个操作过程记在笔记本子上，并立马把稿子发了出去。

我在电脑上打字比较熟练了，但是在手机上打字就不灵。我需要把电脑上的文章转到手机上，几次试转都没有成功。我就打电话给程实，他用同样的方法遥控进行指导，后来又在学生蒋格格和隗合翠的帮助下慢慢地掌握了转出去的方法。我衷心感谢这些年轻人的帮助。年轻人都很能干，接受现代化的东西很快，我们必须虚心向他们学习，才能有所进步。

三、孙淼夜战通宵，帮助我找回了书的原稿

我曾经在电脑上用一年半的时间打过一本书，名为《宝宝，姥姥教你说英语——教幼儿口语的一些方法》。书中我写了44个故事总结了我教小外孙学英语方法。我觉得这本书对年轻的父母教孩子学口语，会有一点参考价值，所以，心里很高兴。但是，天有不测风云，由于我操作不当，我的书的原稿在电脑上忽然消失得无影无踪了，怎么找也找不到。我心急如焚，心想："我花了一年多的时间和心血写成的这本书完蛋了，这回可就竹篮打水一场空，全白搭了。"心里真是又难过又懊悔，弄得我觉也睡不着，饭也吃不下，感到非常失落。但是面对这复杂的高科技我一筹莫展，干着急，毫无办法。我向我的学生小徐诉说了我的苦恼。她马上就把这事告诉了她的先生孙淼。小两口顾不上一天的奔波和疲劳，也顾不上照顾才三岁的孩子，晚上8点多来到我家。孙淼一进门就对电脑进行了仔细地检查。他说："您这么大年纪了，写一本书也很不容易，我一定尽力帮助你。不过过去我从来也没

有遇见过这种情况，但是我一定千方百计想办法帮助您找回来。"那天晚上他一直开夜车到深夜。在他拼命钻研和苦干的努力下，终于把书的底稿给我找回来了。当他把这个好消息打电话告诉我的时候，我兴奋得流下了热泪。我感谢他在我极端困难的情况下，向我伸出了友谊的双手。我感到了友谊的温暖和强大的力量。

孙淼不仅自己热情帮助我，还找朋友来帮助我。有一次上课马上等着用讲义，但是我的激光打印机忽然"罢工"不干了。我又请孙淼来帮忙。他说："打印机我不在行，但是我有个朋友会鼓捣这玩意儿，我可以请他来给您帮忙。"很快他的朋友就亲自到我家来帮助检查和修理激光打印机。经过仔细检查，他说："没有大毛病，就是里面有点脏，还卡了点纸。经过他的清理，把卡的纸拿了出来，打印机马上就运转自如了。"我及时给学生们打好了讲义，没有耽误上课用。我再一次感谢他们对我的无私帮助，也进一步体会到他们对我的深厚友谊。

总之，作为一个 80 多岁的老人，我今天能够学会电脑基本知识和操作技能，我能够用电脑打讲义、写文章、写书、收发 e-mail、用 QQ 和亲友们在电脑里面对面高兴地聊天。这些都开阔了我的眼界，提高了工作效率，丰富和充实了我的退休生活，使我老有所学、老有所乐、老有所为。之所以能做到这些，都是亲友们无私帮助的结果。在学习电脑的过程中，我和这些亲友建立了深厚的友谊。我感谢他们对我无私的帮助，我将永远把这珍贵的友情铭记在心中，我将学习他们助人为乐的精神并且用同样的精神去帮助别人。

14. 我的把关老师

——记马蕾和我的友谊

退休后，有更多的闲暇时间，总想再干一点力所能及的事。想了半天，除了教英语外，所能做的也就是写一点小稿子了。我想把所见所闻的好人好事写出来，为社会增加一点正能量。但是我的笔头不行，常常会出现许多错误。

作者的把关老师马蕾和作者

误。比如，我过去总是给电台写稿，他们对标点符号要求不高，所以我就不大注意标点符号，常常是在一个段落里一直是点逗号，最后才加上一个句号，来结束这个段落。另外我常常出现病句，如主谓不搭配，不少地方出现语法错误等。当时我找不到解决这些问题的办法。突然，我想起了我的初中老同学马蕾。她是中学和红旗夜大的语文老师。我想她经常批改作文，在这方面肯定是行家。我应该向她学习，拜她为老师。当我把这个想法告诉她后，她欣然同意帮助我，这样，她就在多方面给了我很大的帮助，成为我的名副其实的"把关老师"。

一、她教会了我新的汉语拼音

我的老哥告诉我说："用电脑写东西方便多了，你要写东西一定要学会电脑。"为了学习在电脑上打字写东西，首先就要学会拼音和打字。但是，我们过去学的是老式拼音，电脑上根本用不上。所以摆在面前的第一项任务就是要学会新的汉语拼音。马蕾得知后，就开始教我新的汉语拼音。她找来了一张大的图表亲自送到我家，她耐心地一个一个拼音符号教我，她告诉我怎样正确地发音和拼读。后来我就把这张汉语拼音表贴在门上，天天念，发音拿不准的地方就打电话向她请教，我也向周围的小朋友请教，就是在她们的热情帮助下，我才学会了新的汉语拼音，这就为以后的打字和写作扫清了障碍，打下了基础。

二、她给我指出缺点提出修改意见

我开始写文章时存在许多问题，对文章的中心思想和结构掌握不好，常常不能围绕一个中心来写，而且车轱辘话来回转，病句也很多。

我向她提出，能不能在我写好一篇文章以后，在电话里念给她听，请她在结构和内容上给我提出意见，找一找语法方面的错误，指出我的病句，我再进行修改，她欣然同意了。这以后，每当我写完一篇文章就在电话里念给她听。我对她说："我念给你听，如果有错误，请你不客气地提出来，这对我将是很大的帮助。"她谦虚地回答说："我的水平也不高，能力有限，咱们是老同学，只要我看出来，我一定向你提出。"这以后，马蕾就成了我的"把关老师"。她先后认真听了我上百篇文章。每篇文章都给我提出了中肯的意见，使我受益匪浅。

马蕾的耳朵很灵敏，脑子反应也十分快捷。她听完每一篇文章都能找出许多问题。比如有一次我写道："他的精神是我学习的榜样。"

马蕾马上指出："你这一句话有毛病，主谓搭配不恰当。精神怎么能成为学习的榜样呢？应该改为他是我学习的榜样。"有一次在一篇文章中，我写道："三年困难时期，物资匮乏，只有过年才供应二两瓜子、半斤花生，还是带皮的。"马蕾马上就指出："花生米不带皮，花生本身就是带皮的，你后面没有必要写。"她告诉我写一篇文章应该围绕一个中心来写，与中心思想没有关系的内容，要下狠心砍掉。有时她觉得我写得太啰唆就告诉我说："写文章应该精炼，能用一句话说清楚的就不用两句，能用两个字表达清楚的就不用三个字。"有一次，我写道："我自言自语地对自己说。"她对我说："自言自语就是对自己说，后面的词就可以都不要了。"她每次都是不厌其烦地给我找出不少的错误，对我的帮助实在是太大了。

每一次她提出意见后，我都照例地说一句："谢谢把关老师。"她总是回答说："不用谢，咱们是老同学，这是我应该做的。"作为老同学，帮助改一两篇文章也说得过去，问题是她给我把关过的文章至少就有上百篇。谁家没有家务事，谁没有许多家里要处理的问题，我这样一而再，再而三地麻烦她，心里实在是过意不去，但是她从来不嫌麻烦。她常常是放下自己手头的家务活来听我的唠叨，这里体现了她的自我牺牲的精神，也体现了她对我的深情厚谊。

我们之间非常真诚，彼此非常坦率。有时候她家里来了客人，忙得拉不开栓，她就会直爽地告诉我，我现在忙得不可开交，得空时，我给你回电话。有时候，她的儿子从国外回来，住上十来天，她也告诉我，我在这段时间就不打电话了。她实事求是，不讲客套，把我当自己人看待，我心里感到很温暖，很亲切。

三、她给我写的两本书把了关

为了帮助我学习标点符号的基本知识，她把一本保存了很久的有关标点符号的讲义寄给了我。让我从理论上懂得了运用标点符号的基本方法。她又多次耐心、详细地帮助我分析了一些文章是怎样运用标点符号的。她还帮助我分析了我写的文章，她指出哪些地方点得正确，哪些地方出现了错误，还分析了为什么是错误的，又应该怎样去改正。这就从理论和实际结合上使我有了很大的提高，使我受益匪浅。

2014——2015年，我为孩子们写了一本名为《宝宝，姥姥教你说英语》的书。对这本书的每一节，我写完后都曾经念给马蕾听过，也给别人念过。她首先在内容上给我"把了关"，但是对标点符号还没有全部过目，她还是不放心。临到交稿前，我的"把关老师"担心要是书拿到读者面前，哪儿都是错误的标点，就很说不过去。马蕾说："你拿来，我再全部给你看看。"于是她和李明勤两位老师就分头帮助我把整本书的内容和标点都看完并修改了。在看稿的过程中，把我许多不正确的标点都改正了。这样，她才放心地让我把书稿交给了出版社。这本书如果没有他们的帮助，是不可能按时保质出版的。我真是从内心感谢他们对我的真诚巨大的帮助。

我现在在写第二本名为《亲情和友情》的书。书中我把我所见所闻的好人好事、好家风、好传统、好品德和好作风记录下来给青年和孩子们看，以便让他们从中受到教育，继承和发扬这些优良的传统和作风，健康成长，把我们的国家建设得更加富强。

这次我也是每写完一篇就通过电话给马蕾念一遍，让她提出意见。我修改后再发给她，帮助我修改内容和标点。她也是认真地逐篇逐字逐句地帮助我修改。特别要提到的是马蕾现在已经是 80 岁的老人了，而且血压高，心脏也有病，最近眼睛还常常发炎，白内障加重。虽然，她还是和过去一样有求必应，无偿地为我天天在那里"义务劳动"，但是，我觉得我也应该考虑她的年龄和健康，后面的几篇虽然她还是说帮助我修改，但是我已经不忍心再让她多用眼睛了，我只能让她听听，提提意见，不能再让她看稿子修改了。

从她认真地像给学生们改作文一样地给我修改稿子，特别是带病帮助我，我感到了她的无私和她的乐于助人的高贵品质和她对我的深厚的友情。

四、贴钱跑路给我帮忙

有时候，我打电话给她，正巧她也在忙，抽不出空，她就会说："我现在忙，等一会我给你回电话。"当电话铃再次响起，我觉得是我求她给我帮忙，我不应该让她又出力又贴钱，这电话费当然应该我出，我就把电话切断了，重新给她打过去。这个举动遭到她的坚决反对。她在电话里批评我说："你怎么这么斤斤计较呢？咱们是老同学，这点事算什么？你真好意思这么做。"

我的稿子每次都是用手机传过去。字太小，她眼睛不好，看不清，每次她都是花自己的钱去复印，然后再修改，她为我花了不少的复印费。最近她把我请她修改的稿子都改完了，理应该我自己抽个时间去取回来。但是，她却不言不语，跑了很长的路专程把稿子送到我家来了，而且还给我送来了梨和苹果等礼品。当我回到家里看到稿子和水果时，我的心情是非常复杂的，一方面我很高兴，因为我终于在不久的将来，就可以做最后的统一修改和定稿了；另一方面我又感到非常惭愧，我觉得我很对不起我的"把关老师"，我应该自己去取，我怎么能让一个80多岁的老人又用眼睛，又动脑子，又动手，又跑腿，又花钱整天无偿地为我服务呢？简直太不应该了。回家后我打电话给她，向她表示我的歉意和感谢。她却说："你这就见外了，我知道你很忙，我有时间，给你送一趟有什么不可以？我能给你帮点忙，我觉得挺高兴的，你就别再说了。"我又一次体会到了她的无私和助人为乐的高贵品质和她对我的深厚友情。

回顾过去，马蕾和我的友谊非常久远，我们还是20世纪50年代初期的初中同学。毕业后虽然短暂分开，但是我们很有缘分，大学毕业后，我在卫生学校工作，她正好住在那个院子里，我们高兴地相遇，以后就再也没有中断联系。那时，我每天都端着饭碗到她家里去"聚餐"。唐山大地震时，我家临时搬到学校去避难，当时困难很多。我们住在地震棚里，没有地方做饭，带的被子也不够。这时她就向我伸出了援助之手。被子不够，她当晚就给我送来了一床新被子。她虽然只有一个煤气炉，自己家也要做饭，她自己就克服困难，把炉子让给我先做饭，使我在困难时期得以渡过了难关。我们的友谊是经过时间的考验、是地久天长的。

总之，马蕾不仅是我的老同学，而且是我的良师益友，她总是在困难时期向我伸出友谊的双手。特别是她在年老体弱多病的情况下，还帮助我学习拼音，学习标点符号，竭尽全力帮助我修改书稿，我称她为我的"把关老师"是名副其实的，是恰如其分的。她为我付出了许许多多，我从内心感激她对我的无私帮助，我为我有这样的朋友和"把关老师"感到庆幸、高兴、骄傲和自豪。

15. 她是一个善良和真诚的人

——记孙惠爱老师和我的友谊

惊闻孙惠爱老师已经永远离开了我们，我心里万分悲痛。她的音容笑貌，就像电影一样一幕幕地浮现在我的眼前，使我热泪夺眶而出。孙老师是一个优秀的共产党员，是一个出色的人民教师，她的所作所为表现了她的高贵品德和伟大精神，为我们树立了学习的好榜样。

一、她为人热情诚恳

孙老师有一颗善良、火热的心，她对人热情、诚恳、乐于助人。我和她接触不久，她就成了我的知心朋友。记得还在 ABC 学校学习的时候，当她得知我在家里要照顾两个病人，家务负担很重，长期睡眠不足的时候，她热情地对我说："我真心疼你，你太累了。我能帮助你做点什么？"有一次刚上完课，我们又在一起复习了一会儿，她就邀请我去他们家里吃饭和休息。她说："你回家太晚了，中午没法休息，你缺觉。上我家里去，我家有地方休息。"她一定要我去，我只好遵命了。她拿出鸡汤和蘑

孙惠爱老师

菇炒鸡蛋等好吃的菜来，热情地招待我，饭后又一定要我吃水果，还热情地对我说："你太累了，年纪这么大了，还是家里的主要劳动力。你一定要多多保重身体。以后，你到中关村这边来，中午就到我家来休息。"

当她得知我儿子是聋哑人、智障，又得了糖尿病时，非常同情。她对我说："这孩子怪可怜的，你也真不容易。"她本身是有糖尿病的，有一次，她孩子买了一桶玉米面制作的面条给她。她明知吃这种面，对糖尿病人是有好处的，但是，她自己不吃，一定要让我带回家来给我儿子吃。她喜欢吃我做的包子，有时，我带几个给她，她总是婉言谢绝。她说："你那么忙，以后千万别再给我做了。"这表现了她关心别人比关心自己为重的高贵品质。

二、她战胜困难，刻苦学习英语

孙老师过去学的是俄语，退休后参加了英语班，从头开始学习英语。这对一个记忆力逐渐减退的老年人来说是多么地不容易，况且她当时已经80多岁了。她对我说："我总念，但是总是忘。我就不信，如果我反复复习，总能记住一些吧！"有一次ABC老年班要参加英语比赛。我们出的节目是唱一首英语歌，朗诵一首英语诗，这些都是要背的。她为了把这些都背出来，早起加班念，夜里开车念。后来，她得了感冒，发高烧，在医院里一边打点滴，一边还在念。表演的那一天，她念得非常流利。我们班在比赛中得了第一名，其中也包含着她的努力和汗水。由于她的不断努力，她的口语水平大大地提高了，她对一般的生活用语都能正确和比较流利地说出来。她就是这样一个永不言败的人。

孙老师得了重病以后，家里人为了让她好好养病，就定了一条规矩，不让她再学英语了。但是她还是不甘心，于是她就转入了"地下"。等她爱人关灯睡着以后，她就起来接着念。她身患重病，还以革命乐观主义精神对待疾病，克服种种困难，坚持参加英语角的学习。她还多次要求参加我办的英语班，要我给她寄英语的学习材料。她就是这样，以超人的坚强毅力坚持学习的。她真是一个活到老学到老的模范。在这里表现了她坚强的革命意志和革命乐观主义的精神，值得我好好学习。

三、她积极支持我搞好工作

为了配合老师的教学，我在 ABC 英语班搞了一些配合教学内容的英语节目，总是得到孙老师的积极支持。她当时口语水平虽然不高，记忆也有困难，表演时行动也不便，但是，她每次都积极参加，有力地支持了我的工作。

她知道我喜欢利用一些纸书包来做英语卡片，就常常把纸书包积存下来，送给我。

有一次学校要我给在校学生们讲一讲《社会主义核心价值观》。对于这个新的课题，我学习得不够，又缺乏参考资料，在备课的过程中遇到许多问题，心里没有底，怕讲不好，更怕出错误。我把这个想法和困难告诉了孙老师，她马上向我伸出了友谊的双手。首先她把她掌握的有关材料发给了我。在我写完讲稿后，她详细地看过了，给我提出了意见，不仅提供了实例，最后还帮助我进行了详细的修改，使我丰富了讲课的内容，提高了水平，受到了同学们的欢迎，收到了比较好的效果。还有一次，放暑假了，街道让我给孩子们讲一讲革命英雄的故事，她也主动地给我提供了材料。由于她的帮助，再一次丰富了我的讲课内容，也收到了很好的效果，受到了孩子们的欢迎。

要说这些事，并不是她的本职工作，和她一点关系都没有，但是，她就像自己的事情一样去关心，去帮助。她为什么能做到这分上？这和她高度的责任感是分不开的。有一次她对我说："现在的学生需要加强思想教育。一些学生很自私，在宿舍里既不打开水，又不打扫卫生。他们认为这些事应该都是别人做的。如果不加强教育，他们怎么接班？所以我就愿意参加学校里教育下一代的工作。"作为一个已经退休的老师，还积极参加对学生的思想教育工作。这说明她对教育青年一代有高度的责任感；说明她对我存在着深厚的友情，也说明她是一个助人为乐的人。

四、她关心集体，热心公益事业

孙老师对集体非常关心。她在班里虽然不是干部，但是，遇见班里有事，总是主动关心，积极去做。她经常提前到家委会拿来钥匙，打开教室的门，让早来的同学能提前进入教室学习。下课后，她总是关闭了电灯，摆好了桌子，最后一个离开教室。如果有什么事要和家委会商量，孙老师经常是代表班里去和家委会协商，每次都是圆满完成任务。

在元旦时，她听说要演节目，就主动找来了用《再过20年，我们来相会》的曲子填写适合老年人情况的新词，在表演中惹得大家哈哈大笑。

家委会了解到樊老师不顾年老、体弱、多病，一直坚持义务教学，想写一份材料上报，申请"北京榜样"，孙老师就主动承担了撰写材料的任务。

他们宿舍楼的底层，放着许多纸箱子和垃圾。春节前，她就主动找到有关部门，要求及时处理掉这些东西，以免引起火灾，保证节日的安全。她经常这样，把集体的事当作自己的事去干，表现了一个共产党员全心全意为人民服务的高贵品质。

总之，在孙老师身上，我看到了一个老共产党员刻苦学习，诚恳待人，关心集体，乐于助人，热心公益事业全心全意为人民服务的高贵品质；看到了她和病魔做斗争的坚强意志和革命乐观主义精神。她和我有着深厚的友情，她给了我温暖和力量，她是我学习的榜样，她永远活在我的心中。

16. 她心里永远装着病人

——记妇科专家钱瑞璧和产妇们的友情

　　钱瑞璧大夫曾是朝阳医院的妇科主任。她是一个医德高尚、心地善良的好大夫。她不顾自己工作繁忙，体弱多病，克服重重困难，处处关心病人，帮助病人。在她的心里永远装着病人。她和产妇们真是做到了心连着心。她对我也关怀备至，使我深受感动。

一、在我极端困难时，她及时送医上门

　　我结婚很晚，双方家长都希望我能快点生个健康的小宝宝。1968 年，我怀孕了，家里人都很高兴。但是，很不幸，我不小心摔了一跤，导致严重后果。我生了一对双胞胎早产儿。老大只活了九天就夭折了。

钱瑞璧大夫和作者合影

老二发育很不正常。体重只有两斤六两，身长只有一尺二寸，脑袋像小鸭梨那么大，手指像刚孵化出来的小鸡爪子，连指甲盖都没有长，奶也不会嘬，而且脸色发紫，呼吸很困难。

别人生了小宝宝都是兴高采烈地把孩子抱回家。我面对的却是这样一个小家伙，真是愁得没法，整天以泪洗面，不知所措，痛苦万分。面对这么大的困难，我该怎么办？怎么办？怎么办？还是个怎么办？

我刚出院回家的第二天，突然一阵急促的敲门声，一个陌生的面孔出现在我的床前。她用温和的语调问道："裘婉华是住在这里吗？"

我回答说："是的，我就是裘婉华。"她在我的床前坐下微笑着，亲切地说道："我是朝阳医院妇产科的，听说你生了一对双胎早产儿，担心你不会带，就来看看你。"接着她关心地问我："你身体恢复得怎么样？孩子的情况怎么样？"我回答说："孩子不会嘬奶，脸色发紫，呼吸也不正常。我真不知道该怎样来照顾这样一个孩子。"她打开褓褓仔细地端详着。然后建议道："不会喝奶，可以用滴管喂。现在他的情况不大好，必须马上送医院。"接着她又给我介绍了一些照顾早产儿的方法和注意事项。她还安慰我说："你不要着急，既然他来到这个世界上，做父母的就一定要精心地护理他，让他也和别的孩子一样健康成长。"然后，她从书包里拿出来一个盒子。我打开一看，里面装着一把小手枪。她说道："这是送给他的小礼物。男孩子小时候最爱玩手枪，长大了当解放军。"

钱大夫并不是我的主管大夫，我在医院从来就没有见过她。我既没有给她送礼，没有托人说情，也从未透露过我是卫生学校的老师。（我们学校和医院在业务上有关系。）但是她听说我生了双胎早产儿后，就担心我不会护理，会存在很多的困难。于是她在百忙中，抽出业余时间来看望我，亲自登门指导我怎样带好这个早产儿，并且鼓励我一定要尽到一个做妈妈的责任。这表明她时时处处都在关心着病人，她把病人的困难当作她自己的困难。她对我这样无微不至地关心，使我深受感动。她的所作所为告诉我，她是一个品德高尚的人，她是一个全心全意为人民服务的好医生。我十分敬佩和爱戴她。她的人格魅力吸引着我，我成了她的"追星族"和"粉丝"。满月后，我多次站在她回家必经的路上去等她，想当面表示对她的感激之情。但是由于工作性质的关系，她常常不能按点下班，我只好遗憾地扫兴而归。后来，我找到了她的电话和地址，马上就前去看望她。以后我们常来常往，互相帮助，成了最好的朋友。在一方有病时对方都会前去看望，并互赠营养品；在一方遇见困难时，对方都会伸出友谊的双手，给予帮助。我们经常通电话，互相倾诉自己的快乐和忧愁；遇见问题时，都会彼此出主意，想办法去解决。在春暖花开时，我们会一起去踏青，欣赏大自然的美好风光。国庆时，我们会相约一起去观看天安门壮丽的景观，谈论祖国的伟大成就，并拍照留下美好的记忆。我们彼此敞开心扉，毫无保留地交流思想，我们在一起聊天，唱歌，交流厨艺……总之，我们已经不只是医患关系，而是成了知心朋友和好姐妹。

二、她不顾年老体弱多病，再次送医上门

钱大夫不仅对我亲如姐妹，而且对我的家人和亲戚也关怀备至。2006年，我的女儿产后感染。她得知后，主动对我说："阳阳在坐月子，就别让她去医院了，让她好好休息，我去他们家里给她看看，买点药吃吃就行了。"她当时已经是74岁高龄，而且患有高血压、关节炎和心脏病等多种疾病。但是她不顾自己年老体弱多病，从德胜门外到西三旗，不辞辛苦，免费出诊，送医上门。她不仅给我女儿的伤口进行了详细的检查，而且告诉她保护伤口的方法。然后又给新生儿做了详细的检查。她的助人为乐的精神，一丝不苟的工作态度和勤勤恳恳、认真负责的敬业精神使我的女儿也深受感动。她的所作所为表现了她毫不利己专门利人的崇高品质，也体现了她对我的深厚友情。

为了表示对她的感谢，我张罗去饭店好好请她吃一顿饭。但是在点菜时，她坚持只点两个最便宜的菜。她说："吃饱就行了，何必花那么多钱呢？你又不是太有钱的。"就这样我们凑合着吃了一顿便宜的便饭。这里表现了她廉洁和简朴的优秀品质，也体现了她对我的关怀和友谊。

我有个外甥女，怀孕四个月，阴道一直不停地出血。不少妇科大夫都判断说："孩子肯定发育不正常，与其给以后添麻烦，不如干脆引产做掉算了。"但是，外甥女年龄较大，对这个高龄"珍贵儿"很珍惜。她犹豫不决，很是苦恼。我劝她去找妇科专家钱大夫。她先后打了十几次电话向钱大夫咨询，钱大夫都耐心给予了详尽解答，并给她进行了仔细的检查。钱大夫果断地认为孩子发育正常，可以保胎，保住这个孩子。钱大夫耐心地对外甥女进行了心理安抚，劝她解除顾虑，加强营养，保持平和的心态。这样，在钱大夫的关怀下，孩子终于平安地来到这个世界，而且发育正常，很健康，很聪明。现在这个孩子已经10岁了，上小学五年级，学习成绩也不错。孩子的健康成长和钱大夫的关心和帮助是分不开的。这件事表现了钱大夫对新生命的呵护和关爱，表现了她助人为乐的高尚品德。

现在母子两个都很健康，这个家庭充满了快乐和幸福。所以，说钱大夫是给家庭带来幸福的人，是一点也不过分的。

三、她心里永远装着病人

钱大夫关心的不只是我和我的亲友，她关心的是她所有的病人。

我认识朝阳医院的一个工作人员。她曾经对我说过有关钱大夫的一些感人的事迹。

有一次钱大夫到长春去参加一个专业会议。她人在长春，心里却老是惦记着危重病人。

开完会，领导组织大家到长白山去旅游。这本来是一个难得的好机会，大家都兴致勃勃地去参加了。只有钱大夫一个人坐上了返回北京的火车。她认为对于那些危重的病人，如果能早一天做手术，存活率就会更高些，这是关系到病人生死存亡的头等大事。她是一个心里永远装着病人的医生，她怎么可能心安理得地去旅游呢？

还有一次云南发生了八级大地震，她响应政府号召参加了北京医疗队奔赴云南去抢救病人。当时生活条件很艰苦。他们工作的地方是海拔3000多米的高原，空气很稀薄。医疗队人手不够，平时工作就很紧张。她要给临产的产妇接生，要帮助他们安排好生活，带好孩子。遇见难产的病人还要为她们做手术，有时一直要忙到深夜。当时，余震不断发生，余震之后，为了病人的安全，钱大夫还和大家一起把受伤的病人从屋里搬到室外。在这种环境下，她总是默默地克服种种困难，照顾好病人，完成组织上交给她的所有任务。昆明是她的老家，那里有她的亲人和许多亲朋好友，但是为了工作和病人，她从未回过家去看过他们。如果没有坚强的意志，没有全心全意为人民服务的好思想，是不可能经受这样严酷的考验的。

四、退休后，还在惦记着产妇们

人们退休后，大多数都在家里做家务，锻炼身体，参加旅游，安度晚年。钱大夫却想着怎样用自己所学的知识去帮助那些需要帮助的病人。她经常参加团体体检，还在一个公司对妇产科病人做咨询工作。产妇的特点是"情况紧急""晚上事多"。从产妇们的提问中，她了解到她们的顾虑和存在的实际问题。其中比较集中的问题是："晚上肚子疼了，要不要马上去医院？"晚上叫车不方便，去早了医院不收又得返回来，这样太折腾，太累人；去晚了，又怕耽误事出危险。这可是关系到两条生命的安危呀！在这种紧急情况下，就需要产科大夫的指导。钱大夫有失眠的毛病，晚上只要醒了，就再也睡不着觉。但是，为了产妇的方便和安全，她总是主动把自己家里的电话留给她们，让她们有事就给她打电话，以便及时给予指导。有时候半夜电话铃响了，她马上起床披上衣服去接电话。对方问道："我怀孕九个多月了，现在肚子痛，要不要马上去医院？"她耐心地反问道："你是第几胎？宫缩多长时间一次，有没有规律？是不是有羊水流出？见红没有？"她根据每个产妇的实际情况做出判断，给她们拿主意，并对她们进行心理安慰，解除她们的顾虑。钱大夫虽然自己耽误了睡觉，但是对产妇们却给了很大的帮助，深得产妇和家属们的欢迎和赞赏。在她一生中，到底接生过多少孩子？她自己也记不清。现在，在大街上、公园里常常有人拉住她的手，问她："钱大夫，您还认识我吗？我的孩子是您接生的，孩子现在已经25岁了，大学毕业了，工作也挺好的，谢谢您了。"当她听到这些话时，心里感到热乎乎的，她感到从事医生这个职业是很幸福的。

总之，钱大夫心里永远装着病人。她是一个心地善良的好大夫，她是一个把方便让给别人把困难留给自己的人。她具有乐于助人的好品德。我为有这样一个朋友而感到骄傲和自豪。我要向她学习，做一个像她那样品德高尚的人。

17. 家门口的白衣天使

——记欧阳新春和病人的友谊

欧阳新春是建清园卫生服务站的全科医生。她把每个病人都当作自己的亲人。她用实际行动赢得了病人的信赖和爱戴，被称为雷锋式的好医生。她工作认真负责，态度和蔼可亲，她对残疾人特别关心和耐心。我们全家人有病都喜欢找她看。

一、欧阳大夫特别关心我的残疾儿子

我的儿子是个聋哑人，智障，由于语言障碍，无法沟通。得了糖尿病后，他不肯吃药，还吃大量的主食和甜食。欧阳大夫就耐心地把糖尿病的危害、饮食和服药的注意事项一条一条地写在纸上，让他按时服药，防止病情发展。

糖尿病患者应该定期检查血糖，但是我儿子不愿意去医院。欧阳大夫有时带着化验员到家里给他检查，以便及时掌握病情，进行对症治疗。

有一次，我儿子的脚受了伤，他很固执，不肯去医院换药。我毫无办法，非常着急，怕他足部感染，导致糖尿病足，就去找欧阳大夫。欧阳大夫为他放映了一段有关糖尿病足的片子，片子里有许多糖尿病足溃烂的可怕镜头。儿子看完后，懂得

欧阳大夫

欧阳新春大夫和作者

了不治疗的严重后果，就每天按时去换药了。几天后，伤口很快痊愈，避免了严重问题的出现。

二、她深夜出诊，义务为残疾病人治病

春节期间的一个深夜，我的儿子突然呕吐不止，连绿色的胆汁都吐出来了。我很害怕。可是这时卫生服务站早就下班了，让他去北医三院看病，他又不肯去。怎么办？这时我想到了欧阳大夫。但是，她已经下班回家了。而且春节期间，别的大夫都回家探亲了，欧阳一天值12小时班，她是很累的。何况刚下完大雪，路上很滑，而且她家离我家有一段路很背，不太安全，真不好意思去麻烦她。但是儿子又不断地大口地吐着。无奈之下我还是给欧阳大夫打了电话，问她家里有没有可吃的药，我到她家里去拿。欧阳大夫得知情况后，顾不得天黑、路远、地滑，回答说："您年纪大了，路滑，您眼神不好，腿也不方便，我马上给您送药去。"过了一会儿，她就带着药来到我家。她不仅给我儿子做了详细的检查，还喂他吃了药。我当时合手作揖向她表示感谢。她摆摆手说："这是我应该做的。我是医生，您不找我找谁？以后您有困难还找我，没问题。"我怕她晚上走，不安全，也怕她滑倒，就说："我不放心，我给你打个的。"她一听，就打开门往外跑，我一直在后面追她。后来正好有一辆出租车经过，我就叫司机开车去追她。我和司机一起大声喊："等等，快上车。"她却越跑越快，一直追到了她家门口。她对司机说："劳驾，您把车掉头，送老人家回家吧！"

这样司机就把我送回了家。晚上，这一场在出租车上的喊叫，表现了大夫和患者及其家属之间的浓浓的友情。

欧阳大夫在工作了 12 小时之后，不顾自己的疲劳，在雪后的黑夜里，为残疾病人义务出诊，送药上门，这是雷锋精神的生动体现。我作为一个残疾人的母亲从内心感激她的帮助，也要学习她这种高尚的品德和伟大的精神。

最近一个深夜，我儿子自己把脚上的灰指甲拔掉了，血不停地往下淌。我怕这么大的伤口会引起感染，导致"糖尿病足"。让他去北医三院挂急诊，他就是不去，弄得我不知所措，只好又打电话向欧阳大夫求助。她毫不犹豫地带着消毒药水和消炎药深更半夜来到我家。她给我儿子包扎伤口，还耐心地写下了注意事项，才匆匆忙忙地赶回家。这时已经是深夜一点多钟了。我庆幸我遇见了这样一位善良的白衣天使，我从内心感谢她对我的残疾儿子无微不至的关怀。我真不知道怎样来表达我的感谢，我向她下跪作揖。她马上把我拉了起来。说："裴老师，您干吗要这么客气呢？我是医生，这是我应该做的。以后您有事还找我，我一定帮助您。"她的一席话，说得我心里暖暖的，我情不自禁地流下了一行行热泪。

欧阳大夫不怕疲劳，多次深夜送药上门，义务出诊。这正是白求恩毫不利己专门利人的精神在现实生活中活生生的表现。我感激她，也要学习她助人为乐的高贵品质。

三、为了病人，她放弃了难得的探亲假

欧阳大夫的妈妈和兄弟姐妹都住在深圳。欧阳大夫是个很孝顺的女儿。只要有较长的假期，她总是会抓紧时间去看望父母并和兄弟姐妹团聚。忙碌了一年，春节难得放几天假，她每年都会回家。

2014 年，建清园卫生服务站放假七天。欧阳大夫很高兴，她提前买好了火车票，给父母的礼物也都早已准备齐全，正准备上路呢！但她后来听说所有的护士也都要回家过春节。社区里 70 多岁的翟老先生，患有糖尿病、脑梗，而且右腿溃烂了一个多月。平时都是护士定期上门给他换药。现在

护士们都回家了。这下可愁坏了翟老先生的女儿。如果她老爸七天不换药，病情肯定会加重，去大医院又很不方便，这可怎么办？欧阳大夫得知此情况后，毫不犹豫地决定留下来。她退掉了火车票，为了帮助病人克服困难，决定不回家探亲了。她对翟先生的女儿说："您别着急，您放心，我决定不回家探望父母了，上门给您的爸爸换药。"于是她每隔一天，就义务上门给翟老先生换药。这样翟老先生的病情有了好转。欧阳大夫就是这样牺牲自己探亲的机会为病人服务的。由此可见她舍己为人的好品德。

四、为使病人心情好，她陪病人去公园

学知园有个老太太患了脑梗死，半身不能动弹，心情很不好。她总是对女儿和保姆大发脾气，弄得家里气氛很紧张。欧阳大夫觉得治病不能只靠吃药，还得进行心理治疗。她多次去老太太家里安慰她，开导她。为了让病人开心，有一次欧阳大夫利用自己的业余时间，让保姆用轮椅推着病人去了附近的郊野公园。到了公园里，欧阳大夫就把轮椅推到花坛的前面，对老太太说："您看，这些花多漂亮，有红的，有黄的，有白的，有紫的，还有橘黄的。您看了开心不开心？"老太太说："开心，开心，我挺开心，在家都憋闷死了。"我看见老太太脸上露出了笑容。她又让保姆把轮椅推到小湖旁，看着清澈的湖水和水里游来游去的小鱼，老太太又一次露出了笑容。在公园里，她还给老太太照了相。这一天病人从未发过脾气，一直是满脸笑容，过得很快乐。谁没有家务事需要做？谁在紧张工作之后不需要休息，消除疲劳？但是为了病人过得快乐，欧阳大夫宁愿拿出自己的休息时间陪伴在病人的身旁。这再一次表现了她舍己为人的高贵品德。

五、病人需要的她都尽力去做

一些事本来不属于医生工作的范围，作为医生，完全可以不去做。但是在欧阳大夫眼里，凡是病人需要的，就是她应该尽力去做的。比如陪伴病人去大医院看病，这本来应该是家属应该做的，医生完全可以不管。但是只要病人需要，欧阳大夫只要有时间，她就抽空去做。

有一次，我发现自己的大腿上有一块疙瘩，担心是不好的东西，决定去做个小手术。欧阳大夫得知后，对我说："今天我休息，我陪您去医院。"她牺牲了自己休息的时间陪我去了医院。

77岁的离休干部徐大妈，老伴脑梗行动不便，自己患高血压、冠心病、胃癌，孩子在国外工作，是个空巢家庭。看着徐大妈无助的样子，欧阳大夫拉着她的手，对她说："您儿女不在身边，我们做医生的有责任像您的儿女一样照顾您。有事随时可以打电话找我。"以后她经常利用休息时间带领护士上门义诊，还让她家保姆参加了家庭保健员培训班。在徐大妈住院期间，欧阳经常探视或打电话问候，还告诉她应该怎样配合医生的治疗。

方教授爱人脑梗多年，女儿在国外，儿子经常出差。她本人也患有多种疾病。2014年3月1日晚，当欧阳大夫接到方教授电话，说她脑血管病病情加重。欧阳就马上赶到她家，陪她去306医院就诊，直到半夜才回家。第二天又主动去医院，帮助她取回CT和化验单的检查结果。她说："我最大的梦想就是病人健康快乐。我最喜欢的话就是病人说：'欧阳大夫，我的病好了，谢谢你。'"她就是这样，全心全意为病人服务，所以人们称她为"雷锋式的好医生"是一点也不过分的。

总之，欧阳大夫是我们家门口的白衣天使，她是一个全心全意为病人服务的好医生。她时时处处为病人着想，她无微不至地关心病人，她对残疾人更是特别关心。我们为能遇见这样的大夫而感到幸运。她不仅给我们治病使我们身体健康，而且给我们树立了全心全意为人民服务的榜样。我们大家都要学习她的高贵品质和伟大精神。

六、勇于担当重任

有一段病人太多，医生太少，欧阳大夫每天值班12小时。最多接诊病人每天多达200人，连吃饭都顾不上，但她一直坚持出诊，不下"火线"。

18. 远亲不如近邻

——邻居们和我之间的友谊

中国有句老话："远亲不如近邻"，这句话是很有道理的。亲戚虽然好，但是常常是离得太远，"鞭长莫及""远水解不了近渴"，一旦遇见什么紧急情况，邻居如果平时能够"和睦相处""友好往来"，只要搭一把手，问题就可能很容易得到解决。在这方面我自己是深有体会的。下面就结合具体事例来谈谈我的切身体会。

一、老邻居秦源善是我儿子的保护神

1968 年，我生了一对六个半月的双胎早产儿。孩子体弱多病，一个九天就夭折了；一个只有两斤六两，连喝奶都不会。我简直对他束手无策。我

秦沅善护士长是作者孩子的保护神

同院对门的邻居秦妈妈是东铁匠营医院的一位老护士长，她年近六十，身体并不好，但是她热情、诚恳、乐于助人。她见我生了个早产儿就常常来我家里看望，告诉我应该怎样用滴管给他喂奶，怎样给他调养身体。我的儿子身体很弱，抵抗力很差，三天两头的感冒犯肺炎，有时喘得很厉害，脸都憋得发青。北京的冬天很冷，

又叫不到出租车，带着孩子挤公交车太困难，孩子也受不了。这时，秦妈妈看我有困难，就主动向我伸出了援手。她虽然上班很远，大概单程就要一个多小时，但是只要我儿子一病，她就五点多提前起床，给孩子打完针后，再匆匆忙忙赶去上班。老人这样辛苦使我很是过意不去。我提出请她教我学习打针。她多次牺牲休息时间手把手地教我怎样消毒，怎样找准打针的部位，怎样用两快一慢的方法减轻孩子的疼痛。

在她的耐心帮助下，我学会了打针的要领，但是还是不敢下手，她就决定由我做准备，还是由她来注射。她和我做了十多年的邻居，就给孩子打了十多年的针。在她的爱心的呵护和精心的治疗下，孩子终于闯过了一个个难关，健康成长了。可以说如果没有秦妈妈的无私帮助，孩子可能早已不在人世了，所以，秦妈妈就是我的孩子的救命恩人，是我的孩子的保护神。我感谢她，敬重她，也愿意向她学习。后来，我们虽然分开了，但是我们已经成为终生的好朋友，我们仍然保持联系多年。她去世后，我和她的女儿小妹仍然经常联系，互相惦念，就像一家人一样。

二、邻居们体谅了我的难处

我家有两个特殊人物：一个是我的六个月的双胎早产智障聋哑儿子；一个是保姆邓婆婆。他俩给邻居带来不少麻烦，也给我和邻居相处带来了不少困难。

我的儿子不懂事，又很淘气，常常把人家的花摘了，把花盆打碎了，把东西弄坏了。更麻烦的是他有时候大吵大闹，搞得四邻不安，影响了大家休息。有时候人家来告状，我只得到处作揖道歉，求得大家的谅解。戴俊彦老师就住在我的隔壁，肯定会影响他的休息，但是他从未向我表示过不满。我每次向他表示歉意时，他总是说："没事，我休息得挺好。"楼下的赵奶奶的休息也深受儿子的干扰，可是，当她得知我搬走后回到原来的院子上课，中午就躺在桌子上休息时，她找到我，拉着我的手对我说："大妹子，这里冷，走，中午上我家床上歇着去，我给你准备了饺子，咱俩一起吃。"听了她的这一席话，我很受感动。我们的家人曾经搅乱了她的生活，她不仅不计较反而对我这样好。我深深地感到了邻居们对我的谅解和友谊。

我们家的邓婆婆终身未婚，性格非常古怪、固执、也很自私，遇见什么事总是指责别人。有一次，孩子睡着了，我们出去买东西，孩子醒来后就大声哭叫。杜宝珍是个热心人，她赶忙跑到我家门口，透过玻璃窗，看见孩子哭得满脸是泪水和汗珠，她想："要是汗水流进了耳朵，就该得中耳炎了，孩子这么小，怎么受得了？"她马上快步跑回家拿来了一把老虎钳子，用力撬开了锁，把孩子抱起来，摇晃着哄他，给他擦干眼泪和汗水。这时候，我们正好返回了家，杜老师给我们讲了这个事情的经过，我举手向她敬礼，表示我由衷的感谢。这时邓婆婆走过来，冲着杜老师就嚷嚷，她指责说："我们不在家，你凭什么撬我家的锁？"这话刺痛了杜老师的自尊心，她本来是好意，却遭到了这样的侮辱，眼泪都要流出来了，就跑回了家。我紧跟在她后面，对她说："真对不起，委屈你了，你是好心关心孩子，她不懂事，把你的好心当成了驴肝肺。你别往心里去，看我的面子，念咱们多年相处的友情，我向你道歉，你别生气了。"就这样，得到了杜老师的谅解，一场风波才算过去。我真是从心里感到对不起邻居们。我也从心里感激邻居们对我的关怀，感谢他们以宽广的胸怀谅解了我的难处。

三、邻居互助，帮助我搬进了新家

从1981—1998年，我们曾经两度搬家。我爱人常年在外出差，家里实在缺少人手，搬家存在很大困难。邻居们看在眼里，记在心里，他们给了我很多帮助。

首先搬家要做好准备。我家虽然不算富裕，但是乱七八糟的东西也不少，什么书呀！家具呀！锅碗瓢勺呀！衣服被褥呀！小孩玩具呀！这些东西都要打包、装箱，工作量不算小。楼下邻居小赵热情地对我说："您年纪大了，我来帮助您做准备。"她不怕累，不怕苦，爬上书架帮我把书打了捆，还编上了号，把炊具和各种杂物分门别类装进了纸箱子里。我的同学几次跑到新房子里帮助我量好墙和家具的尺寸。在装修新房时，邻居戴老师给我找来了安装护栏的工人。在安装护栏时，他一直站在我家里帮助我监工。他对工人说："给我做，差不多就行，给老太太做一定要精心，一定要做得好些。"

那时候没有搬家公司，搬家那天，来了许多新邻居。他们全是我爱人单位的同事，男人们组织了一个搬家队，专门搬那些笨重的家具和重物件。

杨桂琴救了作者一命

单位出了大卡车。女同志则搬那些比较轻些的东西。到达目的地后，有的搬家具，有的拆箱子，有的解书捆，然后，按照先计划的位置"各就各位"放好家具；按编好的书号，"一一入座"；炊具全请进了碗柜；摆好了床铺以后，打开行李卷，不一会儿床也铺好了；另一拨人则放好了煤气灶，开始淘米、择菜、做饭，不长时间，几样香喷喷可口的饭菜就摆上了桌。这时候，大家又累又饿，就先后入席，开开心心、热热闹闹地在一起吃了一顿庆功的"团圆饭"，最后还把垃圾倒了，清理了房间，才各自回了家。在整个搬家的过程中体现了新老邻居之间的和睦、团结、互助、友爱。很难设想如果没有这些邻居的大力帮助，单靠我自己的力量，一天就顺利地搬进这个新家。

四、他们两次救了我的命

1984 年的国庆节，放假了，我有点嗓子痛。我吃了磺胺就下了楼，准备到太平庄去给孩子买点吃的东西。刚一下楼，喷嚏就打个不停。根据我在卫生学校了解的常识，我觉得我是对药物过敏了，如果不及时处理是很危险的。但是国庆期间医务室是停诊的，我只好去找邻居陈大夫。我对她说："我药物过敏了。"说完了，我就晕过去了。是邻居陈大夫放下手里的家务活，想办法让人把我弄到医务室，立马给我输了一瓶葡萄糖酸钙，才挽救了我的生命。如果不是她抢救及时恐怕我早已归西天了。

2009 年的一个晚上，我突然感到左胸压榨样的疼痛而且窜到左手。我认为这是心绞痛犯了。那时我的爱人不在家，我就打电话给邻居杨桂琴，她毫不犹豫地答应陪我去北医三院挂急诊。到三院后，被诊断为心绞痛，护士马上给我点滴硝酸甘油。打上点滴后，我考虑到老杨 70 多岁了，身体不好，还犯有高血压等多种疾病。我就对她说："你身体也不好就先回家吧！我打完点滴打个车回家就行了。"她说："不行，我不放心，我不能走。"过了十来分钟，我忽然感到眼前一片白，接着出了一身虚汗，就不省人事了。这时老杨看我情况不对，就跑步去找护士，一查我的血压已经下降到 40 了。医生马上给我女儿下了病危通知书。当时是非常危险的，如果不是老杨及时发现，我肯定就一命呜呼了。我从内心感谢老杨对我无微不至的关心和帮助，我也更深刻地体会到了"远亲不如近邻"这句话的深刻含义。我有哥哥也有姐姐，当时他们都远在武汉和成都。他们虽然关心我，但是"鞭长莫及"，他们是不可能在紧急时刻跑来救我的命的，而邻居老杨却成了我的救命恩人。

总之，"远亲不如近邻"确实很有道理。所以，我们一定要和邻居和睦相处，团结友爱，互相帮助。要做到这点首先要从自己做起。我想我的邻居曾经两次救了我的命，我理应向他们学习。今后，当看到邻居有困难时，我也应该伸出自己的手竭尽全力去帮助别人，而且要身体力行去做一些实事。我深信只要人人都努力去帮助别人，我们的院子和小区就一定能建设成为一个团结、和睦、友爱的大家庭，就一定能形成一种好风气，当别人有困难，街坊邻里都会伸出千万双手来相帮，邻居之间就会比亲人更亲。那是多么美好的氛围呀！让我们为达到这样一个美好的前景而努力吧！

19. 从"英语角"到"微信英语班"

——是友谊给我们前进的力量

2017 年 87 届 和 88 届的同学们重回母校聚会，距上次相会 20 多年了。大家都特别高兴地回忆往事。其中当年参加过"英语角"的同学都更有兴趣地回忆起"英语角"的活动以及对他们的帮助。

一、"英语角"的活动充满了趣味性

聚会中，一个"英语角"的成员对我说："那时'英语角'的活动给我们留下了深刻的印象。记得我们一起去颐和园和外宾对话；一起用英语开展纪律问题的大讨论；一起进行了英语单词比赛；一起谈论国家、家乡、家庭的巨大变化；

赵桂玲在听微信旅游英语

一起参观小月河，了解它怎样从一条臭水沟变成漂亮的休闲好场所；一起吃生日蛋糕和长寿面；一起唱英语歌曲，唱《再过 20 年我们来相会》；一起畅谈理想和对未来的追求；我们在活动中，学习了知识，建立了友谊。这些都使我们久久难忘。"另一个同学说："'英语角'起到了承前启后的桥梁作用，保持了学习英语的连续性。这些对我们后来的工作都很有帮助。"有的同学谈道："现在我们各奔东西，很难凑到一起，要是还能在一起学习那该多好啊！"我说："不在一起也不要紧，通过微信不是也可以在网上学习

原英语角成员和作者

吗？你们可以搞一个微信上的英语角嘛！"一些同学同意我的意见，于是一个微信上的"英语角"就组成了。他们聘请我来教《旅游英语》。我想：我们这一代已经老了。实现一带一路主要靠他们，实现中国梦也主要要靠他们。我们应该支持他们，帮他们一把。我虽然不是英语科班出身，水平也不高，但是，也应该做他们的后盾。水平不高，就边干边学来做好这件事吧！于是我就答应了他们的要求，成为微信《中华旅游英语》的一名老师。

二、同学们帮助我克服困难

一开始，我对使用手机不熟悉，我不知道在微信上怎样进行英语教学。不少同志帮助我克服困难，解决问题。他们教给我，在微信上怎样做，才能使教学效果更好。

在备课中，我遇到不少困难。我没有出过国，和老外接触也少，对外国人的生活习惯、历史背景了解不多。在外企工作过的同学们就把他们了解的情况告诉我，给了我很大的帮助。比如，在讲吃西餐时，他们就提供了不少西餐的名称，从而丰富了我的教学内容。他们在支持我做好工作的同时，也加深了师生之间的友情。微信英语班就是在他们的支持和帮助下，慢慢地步入了正规。

三、师生之间互帮互学，共同促进

在教学中，由于我不是英语科班出身，也因为年龄较大，性格上也有一点马虎，我有时在打讲义时，也会出现一些拼读上的错误；在讲课中，偶尔也会出现某些读音上的错误，如把长音读成了短音，或是重音位置摆得不对，同学们都会非常善意地给我指出来。这样，我就能够及时纠正，避免了误人子弟。比如：有一次我在讲英语八卦图时。Y 本来有两个读音，一个读 [ai]，一个读 [i]。我马虎了，我把应该读 [i] 的 easy 中的 y[i] 也注成了 [ai]。赵桂玲同学马上就给我发来了微信，使我马上就改正过来了。还有一次，刘红岭同学发现我的发音和字典上的注音不同，她就把字典上的图拍成照片给我寄来了。这样就使我能够及时发现和纠正错误，保证了讲课的质量。每次下课后，钱瑞璧和钟爱明同学都及时告诉我这节课的优缺点，帮助我发扬优点克服缺点，不断改进教学。我们在教学中，贯彻"教学相长""实事求是""坚持真理""修正错误"的原则。作为老师，我们不应该"自以为是""骄傲自满"，而应该"谦虚谨慎"虚心向自己所教的对象学习，这样才能不断改进教学。我们班现在已经形成了师生互帮互学、共同促进的生动的学习局面。这样做也加深了师生之间真诚的友谊。

四、同学之间互相帮助，共同进步

微信英语班的同学，老、中、青、少都有。老年人记忆力比较差，中年人要挑工作、家务两副担子，青少年人基础比较薄弱。他们各有各的困难，坚持业余学习是很不容易的。但是，他们都是以坚强的毅力克服重重困难，坚持学习。比如 85 岁高龄的钱瑞璧大夫每次课都不落，还认真地做笔记，天天抽空复习。赵桂玲同学基础比较差，但是她坚持听课，不懂就查字典，或向别人请教。她认真预习，积极发言，及时复习，取得了很大的进步。杨冰同学还带领全家三口每到星期六就在一起听课。这样就形成了你追我赶浓厚的学习气氛。

刘晓羽在收听旅游英语

在课堂发言中，不管是老师还是学生，只要出现错误，同学们都会指出，本着"坚持真理""修正错误""共同提高"的原则去做，达到共同进步的目的。

同学们在学习中互相帮助，共同进步。比如，赵桂玲同学在读"过道""航站楼"等英语单词时出现了错误，刘晓羽同学不仅给她纠正发音，而且还介绍她把《有道词典》下载下来。这以后，小赵遇见问题就查它，使她在读音方面有了很大的进步。在同学们学习互助的过程中也增加了彼此的了解和友谊。

五、互相支持，携手共进

在课堂上，有时也会出现一些突发事件。在我们这个集体中，不是互相埋怨，而是互相补台。比如有一次，我头痛昏倒，课堂上出现空白，无人上课，大家都很着急。这时，刘晓羽和刘娟两位同学挺身而出，互相配合，主持了上课，从而使课程得以继续进行，给我的缺勤补了台。还有一次我的Wi-Fi出了问题，发不出信号。也有同学挺身而出，帮助复习，又一次给我补了台。在讲《周游世界》和《周游中国》时，同学们都认真准备，积极发言，极大地丰富了课程的内容。我十分感谢同学们对我的工作的支持和帮助。他们的所作所为，使我非常感动，从而促进了师生之间的团结和友谊。

在主持人的团队中也初步形成了互相帮助，共同进步的局面。有时候轮到谁主持，但是由于自己生病或是家里有急事需要处理，彼此就会互相调剂，使工作不受影响。比如，有一次应该轮到刘娟主持，但是她得了重感冒，说不出话来。刘晓羽得知后，马上主动向她发了微信，告诉她："我有时间，可以帮

8821同学在北京聚会

助你主持。"这种做法一方面使工作得以顺利进行，另一方面也加深了彼此的友情。

六、内部协作，外部支持，形成了强大的合力

在我们这个集体中，现在有两个组织：一个是监察小组，一个是主持人小组。

监察组专门负责对讲稿进行审查。我因为工作和家务负担很重，打完讲稿后，就没有时间反复检查。为了对学员负责，我们就组织了一个监察小组。监察组由三人组成。其中两人是本班的成员刘晓羽和刘娟，还有一个是外请的杨秀琴老师。杨老师是北京电视大学的英语老师。她虽然年近80，体弱多病，还答应义务给我们审查讲稿，真是不容易。这样，我打出讲稿后，就交给他们审查，经过他们认真的审查后，我再进行修改，然后发给大家。这样就避免了错误，保证了教学质量。

主持人小组有五个成员，他们是刘娟、刘晓羽、沈美亮、谷朱平和王月华。他们轮流值班，帮助复习上次所讲的内容。他们每次都认真做好准备，帮助大家复习，对巩固所学的内容起到了很好的作用。

在学习国际音标和字母组合时，我们邀请北京人民广播电台外语组负责人周敏给我们做了范读。她的工作是非常繁忙的，能在百忙中抽出时间给我们讲课，实属不易。我们一定要学好这一课，这样，我们的拼读和认读的能力一定会大大地提高。

我们这个集体现在已经有120多个学员。有的全家都在收听，取得了一定的成绩。这绝不是哪一个人的功劳，而是内部团结协作、积极奋斗、努力坚持的结果，也是外部朋友们积极支持和帮助的结果。

总之，在我们这个集体中，大家都在奋斗，大家都在坚持，彼此都在互相帮助，互相学习，互相支持。在我们这个集体中充满了团结和友谊。同时我们这个集体也得到外部各方面的大力支持和帮助。是团结形成了强大的合力，是友谊给了我们前进的动力。我们相信我们这个微信学习团体一定会越办越好。

20. 小时工也是我的好朋友

——记小时工和我的友谊

　　多年以来，由于身体不好，爱人又长期出差在外，我一直请小时工帮忙。她们帮助我洗衣、做饭、打扫卫生，减轻了我的负担，保证了我的健康，使我能把更多的精力投入工作，所以我由衷地感谢她们。我觉得他们背井离乡，在外打工很不容易，我也尽力帮助他们。这样，我们之间就很自然地形成了一种新型的互相帮助的朋友关系。

一、主动体谅她们，关心她们的疾苦

　　首先，我不要把她们搞得太疲劳：我们家里的活比较多，在两小时之内又要洗衣服，又要做饭，是很累的。为了不让她们搞得太疲乏，我就事先做好准备工作，把菜择好洗净，有时把葱姜都切好。这样她们一来，就可以下手干活，也不至于太累。"劳动使人团结"，我们一边干活一边聊天，大家都很开心。我从心里尊重她们的劳动。每次干完活，我都怀着感谢的心情对她们说一声："辛苦了，谢谢你。"这样互相尊重，关系就比较融洽。

小时工小范正在做家务

另外，我也关心她们的冷暖：小时工常年在外打工，无冬历夏，四处奔波，很不容易。有时他们也会遇见困难，比如：生病住院、流产、受伤……我都会带着营养品前去看望。炎热的夏天，当她们满头大汗走进家门时，我都会给她们晾好了凉白开，准备好了冰棍或是西瓜等着她们，让她们消消暑再干活。严寒的冬天，北风呼啸，她们骑着自行车，风里来雪里去，冻得手脚冰凉。看到这种情况我很是心疼，我就一边看电视一边给她们织毛袜、织手套，让她们穿戴得暖暖和和地上路。有一次我把为自己织的一双新毛袜，送给一个小时工。这个小时工说："你这么大年纪了，我没有给你织，你倒给我织，真不好意思。"后来，她在洗衣服时，发现我穿的是一双旧毛袜。她说："你织了那么多毛袜子，干吗自己穿一双带窟窿眼的，把新的都送给了别人？"我说："你们平时辛辛苦苦地帮助我，冬天你们在外面跑太冷，我给你们织一双袜子难道还不应该吗？"她听了以后会心地笑了。

二、帮助他们排忧解难

小时工绝大多数都是来自农村。她们的孩子大部分没有学过英语，刚一到北京，跟不上班，往往考试不及格。她们的家长又不懂英语，没法辅导，很着急。正好我是教少儿英语的。我想："要是把她们的孩子培养出来，她们老了就有了指望。我应该尽力帮助她们。"于是，对于在我家干活的小时工的孩子，我全部免费辅导，学习好的还发给奖品，以资鼓励。一直达到成绩优良，考上中学，才算告一段落。

有个小时工对我说："孩子放寒假了，我把他们锁在家里。家里很冷，怕着火，又不敢生炉子，只好让他们躺在床上盖着被子过寒假。"我问她："孩子中午吃饭怎么办？"她回答说："就留点饭菜，让他们拿热水瓶里的水泡饭吃。"我想这样下去孩子的胃都该吃坏了。正好这时我的亲戚从上海寄来了一个文火煲，用它既能焖饭又能保温。我就请亲戚再买一个送给她。这样就解决了她的孩子中午吃热饭的问题，解除了她的后顾之忧，我和她都很高兴。

三、她们对我也如同亲人

人心换人心。我用真诚的态度对待她们，把她们看作朋友。她们也把我看作亲人。有的小时工，受了坏人的欺负，上了当，受了骗，流着眼泪向我倾诉，让我给她出主意，怎样处理；有的小时工，攒了点钱，怕丢失，就把存折交给我，她说："放在您这儿最保险。"她们对我的信任，使我十分感动。

她们对我也非常体谅。她们认为我年老体弱多病，家务活又重又没有个帮手，就主动抓紧时间帮我多干活，干好家务活。比如：我估计时间只够炒菜，怕她太累，就没有布置干别的活，她就在焖扁豆的时候同时把地板擦干净了。有的小时工顺路就帮助我把要买的菜带回了家。她们就是这样把我家的活当做自己家里的活一样干。

有一年冬天，下了特别大的雪。我想："今天小时工肯定不来了。"没想到不一会儿她就进了屋。我看她满身是雪，衣服和鞋子都湿透了。我说："这么大的雪，路不好走，你就别来了。"她说："今天自行车骑不动，我是推着车，走了一个多小时才到的。你的身体不好，我怕你弄不了，所以就来了。"听着她这番体贴的话，看着她满身的雪，我被她的深情厚谊深深地感动了。

有一年，我得了严重的骨关节炎，站不起来，走路要用双拐，根本就不能上下楼。小时工见我这副模样也发了愁。她对我说："您不能老是这样拖着，您应该到医院去看病。您下不了楼，我让我老公请假背您下楼，陪您去看病。"我虽然没有让他背我下楼，也没让她的老公陪我去看病，但是她的这番话却温暖着我的心。

四、对她们中某些人的缺点也不要姑息迁就

小时工中绝大多数人都是很好的。她们诚恳朴实，热爱劳动，勤俭节约，不怕困难……这些都值得我学习。但是也要看到，个别人身上存在不少毛病。比如：贪图财物，喜欢享受，爱占便宜，好吃懒做，甚至小偷小摸成了习惯。她们中也有人自私自利，见钱眼红……对于这些不良的品质和作

风，必须进行帮助和教育，决不能任其发展，更不能姑息迁就，否则就会助长坏毛病。我的做法是有困难一定要尽力帮助。发现自私自利的欲望膨胀，绝不助长。比如，有的人启发我送给她东西，她看见一双用毛线钩的拖鞋就说："这双鞋有红有绿，你们城里人都不会喜欢，我穿大小正合适。"这意思很明显，就是启发我送给她，我就是不送。我说："你说晚了，已经有主了。"有个小时工说："我发烧了要打点滴，又得花几百块，要是有公费医疗证，就可以省下这笔钱。我的一个主家真好，他就把医疗证借给我了。"她这样说就是在启发我把公费医疗证给她用。我说："欧阳大夫墙上贴着一些数字，全是把医疗证给别人用，就取消了公费医疗资格。"我们对于这些问题该坚持原则就是要坚持原则。

总之，我们请小时工帮忙，应该是一种平等的互相帮助的关系。主家应该尊重小时工的劳动，以平等的态度对待她们，把她们看作同志和朋友，也应该关心她们的疾苦，帮助她们克服一些实际困难，同时对个别人身上存在的不良品质和作风也应该帮助和教育。

21. 他们给我们带来了安全、友谊和温暖

——记北京司乘人员和乘客们的友谊

　　李素丽是公交战线的劳动模范。她全心全意地为乘客服务的模范事迹已经家喻户晓，人人皆知。榜样的力量是无穷的。在她的带动和影响下，公交战线出现了许许多多的李素丽，她们也像她一样做得非常出色。

一、乘公交车，感到很安全很温暖

　　我今年 83 岁了，但是，我外出办事和上老年大学，总是喜欢乘坐公共汽车。有人劝我："你年纪大了，为了保证安全就打个的吧！"我说："公交车上，司机、乘务员对我们老人照顾得很周到，我很有安全感。"

　　有时上车，很多人一起往车上拥，车下的服务员和车上的售票员就一起大声喊道："年轻同志，请你们慢点，前面有老人上车。"有时服务员看我上车有困难，还扶着我帮助我顺利地登上公共汽车。上车以后，当座位已经坐满，他们也总是招呼着："哪位年轻人少坐一会儿，给老人让个座。"直到我坐下了，他们才安下心来。每次他们都是等我坐稳了才开车。到站了，我怕耽误车的运行，总是提前站起来往门口挪动，这时售票员总是很亲切地嘱咐我："大妈，小心点，不着

司机在为乘客服务

急，等停稳了再下，注意安全！"车上本来规定前门上车，后门下车，但是司机同志看见我这个老太太在前面坐着，就对我特殊照顾。他们说："老太太，您就在前面下车吧！不要再往后挤了。"还喊道："先让老太太下，你们再上。"这些亲切的话语真是句句都温暖着我的心。车上的安全员同志也很热情，他们总是主动找我要老年人坐车的养老助残卡，提前帮助我刷卡，为的是怕我们老年人在车上走动刷卡时摔跤出危险。有时人多座位少，售票员就开动脑筋想办法。他们在轮胎上面凸起的地方放上坐垫，让更多的需要照顾的人能有地方可坐。他们服务十分周到，就像自己的孩子一样，随时关照着我们老年

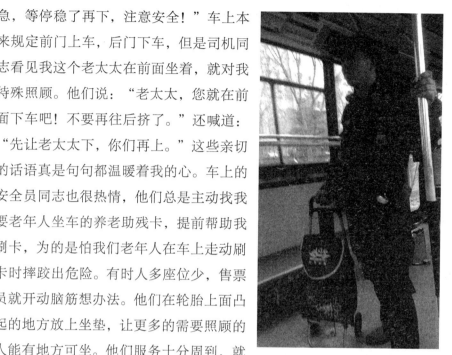

安全员在为乘客服务

人的安危。在车上，年轻的乘客也非常热情，主动给老年人、孕妇、残疾人、抱孩子的人让座。有的年轻人坐下后刚拿出手机来看，见有老人站着，马上就站起来让座。这些都说明社会风气变得越来越好了，这是十分可喜的现象。

二、主动帮助我提重物还托人给我叫出租车

有一次春节前，我去农展馆买了不少东西，左手拉着个小车，右手还提着一个大包。如果靠我一个人拿着这么多的东西下车是根本不可能的。售票员同志马上来到我身边，一手帮我拎着包，一手扶着我下了车；还招呼一个小年轻帮我把小车拿下了车。她还是不放心，就嘱咐那个小青年一定要帮我叫个出租车直接送我回家。临别时，我对她说："现在公交战线服务真周到，你们个个都是李素丽。你们辛苦了，谢谢你们，我要向你们学习。"

我很多次带了不少的东西，安全员都主动提着东西亲自送我下车。

他们不仅对老人照顾得很周到，而且对孕妇、残疾人、抱孩子的妇女照顾得都很周到。

有一次我看见一个年轻妇女一只手抱着孩子，另一只手拉着孩子坐的小推车和一个包裹，这种情况上车是十分困难的。一个热情的服务员马上下车帮助她先把小车放在公交车上，又把包裹提上了公交车。这样，这个妇女才顺利地抱着孩子上了车。然后售票员又给她找好了座位，服务才算告一段落。

以上情况表现了人与人之间的团结友爱，互相帮助，表现了人与人之间深厚的友情。这是难能可贵的。

三、尽职尽责照顾乘客中的病人

有一次我在 609 路车上看见了这样一幅情景，使我十分感动。

当车正在行驶中，忽然有一位老大爷用手按着左胸，头上大汗淋漓，口里吐着白沫，脸色刷白，喘不上气来，顿时车里的气氛马上就紧张起来了。不知道他是冠心病犯了，还是癫痫犯了，大家很为他担心。

售票员大声问道："车里有没有医生？"没有人答应。于是她马上跑到病人跟前，要来了手机，把病情通知了病人家属并安慰病人不要着急。她又让一位乘客打了 120 急救车来接病人去医院，并让司机停车，通知公司来车，继续送乘客。她就是这样尽职尽责，冷静地处理着这一突发事件。表现了她高度的责任感和对乘客无微不至的关怀。

乘客们也不停地忙碌着，他们不怕脏不怕累，有的给病人擦汗，擦去嘴里吐出的白沫；有的给他按摩内关、合谷和人中；有的拿出贵重的"神宁"涂抹在病人的鼻子上，舌头下，脑袋上。

可能是药物和按摩起了一定的作用，老爷子停止了吐白沫，脸色也正常多了，这就避免了一场悲剧的发生。救护车和家属都赶到了，马上把老爷子送到医院去，这时大家才松了一口气。过了不长时间，另一辆公交车也来了，送大家去上班。

在这一突发事件中表现了乘务员的服务态度是极好的，表现了乘客们的觉悟是很高的，他们很重情义，对别人怀着深厚的同情，表现了同胞之间的真情和友谊。

总之，现在北京公交战线工作搞得非常好。他们不是某一个人做得好，而是整个团队干得都很出色。他们已经不是一个李素丽，他们个个都像李素丽。我们感谢他们起早贪黑地为我们周到的服务，我们感谢他们用自己辛勤的劳动为我们带来了安全和温暖。我们更感谢他们给整个社会带来了正能量和友谊的力量。我们要学习他们全心全意为人民服务的精神，学习他们助人为乐的高贵品质。

第三部分　亲情和友情点滴记事

1. 办公室里的两个香烟盒

九外公程时烆曾经当过银行的经理。就职期间，他秉公办事、廉洁奉公、公私分明。

九外公的办公室里，总是放着两个烟盒。一个烟盒装着公家的香烟，用来招待来办公事的公职人员；一个烟盒装着自己的香烟，用来招待自己的亲朋好友。公私分明，界限清楚。

抗战时，为了躲避日本鬼子的轰炸，九外公的单位搬到乡下去了，他们全家就和单位一起住在当地的祠堂里。祠堂非常潮湿。当时九外公犯有严重的风湿性关节炎，最怕潮湿。大家了解情况后要给他的住处装上地板。但是他为了省公家的钱，只同意在床下铺上几块木板当作地板。

当时，因为要到下面去检查工作，单位为他配备了一辆车。他从不允许家属乘坐。自己办私事也绝不动用。

当时农村缺医少药。九外婆是学生理卫生的，掌握一些医疗知识。当地打摆子的人很多，她就用自己的钱买了不少奎宁给老乡们治病，受到乡亲们的赞扬。

可见，九外公传承了外婆程家的秉公办事、廉洁奉公、关心别人、助人为乐的好家风。

2. 他把亲人接回了家

　　九外婆和二舅在抗战前本来是一起住在南昌的一所房子里的。抗战结束后，那所房子已经被破坏得不成样子了，连窗户和门都没有了，根本就没法住人。这时九外公已经去世，九外婆带着两个才十几岁的孩子住在遂川，孤儿寡母的，生活十分困难。当二舅回到南昌后，就着手修理房子，他不仅把自己住的房子修好了，同时也把婶婶住的房子按照同样的规格修好了。

　　房子修好后，他就派人把他的婶婶一家三口从遂川接到了南昌；还为九外婆找了一个离家不远的工作，以便她能很好地照顾两个未成年的孩子。以后他总是在多方面关照他们。

　　从这件小事中，可以看出在程家，亲戚之间总是互相关心，互相帮助，互相爱护的。一家有困难，大家都会伸出援助之手。这种助人为乐的精神值得大大发扬。

3. 他为什么投河自尽?

二舅在国民党时期,当过江西省田粮处长,负责粮食方面的领导工作。当时蒋介石急于发动内战。强制南方各省要从民间搜刮大量的军粮,并且下了一道死命令;如果完不成任务,负责粮食的官员就要"军法从事"。于是二舅也和其他粮官一样去收敛粮食。

在他到乡下的过程中,他看到的景象是——到处是荒地,杂草丛生,老百姓都吃不饱肚子,面黄肌瘦,民不聊生。他们自己都吃不饱,那里还有剩余的粮食来上交呢?看到这幅情景他实在不忍心去逼迫老百姓再交军粮了。但是交不上军粮,就面临着杀头的危险,在蒋介石的逼迫下,他不愿意黑了良心去逼迫百姓,又面临高压的"军法从事"他进退两难,百般焦虑,彻夜难眠,以致咯血不止,最后只好投江自尽,死于吉安白鹭洲江畔。

从二舅投江自尽的事,可以看出,他的心地是善良的,他关心人民的疾苦,这也从另一个侧面表现了程家的好家风。

4. 她不怕传染，照顾姑姑

我妈妈是润秋表姐的姑妈，当时住在天津。润秋姐在塘沽永利碱厂工作，并担任塘沽共青团的工作。她常到天津去开会。

当时妈妈身体很不好，患有严重的肺结核、支气管扩张、肺气肿和肺心病。她哮喘，还不断地咳嗽、咔浓痰。这种病是有很强的传染性的，一般人都害怕传染，不敢接触，更别说主动去探望了。但是，润秋姐却不同，她常常带着点心和水果去看望我妈妈，和她聊天，问寒问暖，遇见她咳嗽时，就会给她倒杯水，润润嗓子。有时她还和我妈妈在一张床上睡觉。我妈妈很喜欢她。妈妈对我说："你四舅妈会教育孩子，她对孩子管教很严，你看润秋多懂事，多关心别人。"

这一切说明润秋姐既憨厚、善良，又孝敬长辈。她不愧为四舅妈教育出来的品德高尚的人。

5. 她让爱人把全部工资都给后婆婆

程梅的一大特点是她自己非常节约，对别人特别慷慨，她总是严以律己而宽以待人。程梅的公公去世比较早，后婆婆和弟妹的生活就没有了着落，家里的生活非常困难。程梅结婚后，得知此情况，两口子一商量就毅然决定，把她爱人的工资月月全部寄回家作为后婆婆一家的生活费。程梅的工资作为她自己一家四口的生活费，

当时，一个刚毕业的大学生一个月的工资也就是 50 多元。两口子加起来也就是 110 元，维持四口人的生活也并不富裕，何况只有一半，孩子又小，开支也会多些，生活的困难是可想而知的。

有一次我去他们家里，就更加体会到他们家里生活的艰难。四口人就住在一间大约 12 平方米的房间里。屋里只放了一张双人床，一张书桌，一个书架，两个凳子和一个箱子，就再没有空隙的地方了。四个人挤在一张床上，恐怕翻身都要叫一二三了。看到这情景，我心里真是百感交集，我对我的小表妹又是心疼又是敬佩。心疼的是她作为一个堂堂的大学毕业生却过着这样清贫艰苦的生活，敬佩的是我的小表妹是这样从牙缝里省出钱来养活后婆婆的一家人。她这种克己为人的高尚品德真是让我敬佩。我为我有这样品德高尚的小表妹感到骄傲和自豪。

她的所作所为也得到婆婆家里人的赞扬。她的小叔子做了一套新沙发自己不用，却先给哥哥嫂嫂送了去。直到现在程梅已经去世多年，叔叔对程梅

的两个女儿还是关怀备至。这也从另一个侧面反映了程梅的为人在她婆婆家里也是深得人心的。

以上事实都表明她是一个关心别人比关心自己更重的品德高尚的人。

6. 她对我隐瞒了真情

程梅是我的小表妹，也是我的好朋友。小时候，我们都住在重庆，常在一起玩耍，很要好。长大后，我们又都在北京工作。我们只要一见面，就会在一起推心置腹地聊心里话。我们有时，约好了到颐和园去聚一聚，锻炼身体。我们一起去逛后山，欣赏那翠绿挺拔的松树林，享受着春风吹来的阵阵紫罗兰扑鼻的清香。我们也绕着昆明湖漫步，一边聊天，唱歌，说英语，一边欣赏着佛香阁的美景，高兴得很。

有一段时间，我们很少见面，大家都忙于工作和家务。有一次，我遇见一个和她一起工作的学生，我向她打听程梅的近况。她说："您还不知道呀？她走了。"我以为她调换了工作单位，问道："她调到哪个单位去了？"她说："她得了血液病，已经上八宝山了。"我听后大吃一惊。于是我就打电话给表妹夫，责备他为什么出了这么大的事都不告诉我，他向我解释说："是程梅不让我告诉您的。程梅说：'婉华姐姐要照顾一个残疾孩子，姐夫又长期出差在外，她的家务负担太重，如果她知道了，一定会很难过，一定会来看我，我不忍心再加重她的额外负担，你们千万不要告诉她。'"听完表妹夫这一番话，我的眼泪刷刷地往下淌。我想："亲爱的小表妹，我对不起你！在你病重的时候，我一点都没有关心你，我没有给你送一点营养品和好吃的；在你离开这个世界的时候，我都没能见上你最后一面，这真是极大的遗憾。作为姐姐，我好惭愧呀！"我感到小表妹的心地是多么的善良啊！她又是多么的体贴和关心我呀！她的品德是多么的高尚啊！她永远是我学习的榜样。她永远活在我心中。

7. 她离开了美丽的青岛

欧阳珍原来是青岛山东大学优秀的研究生。她本来完全可以留校工作。青岛紧靠大海、环境优美、气候宜人，是个美丽的旅游城市。但是，她考虑到爷爷年事已高，身体也不太好，让他一个人单身在遥远的、陌生的兰州工作，很是放心不下，于是她就毅然决定离开美丽的青岛到兰州去工作，以便一面工作，一面照顾年迈的爷爷。

照顾父母本来是子女应尽的责任，作为第三代不去直接照顾也无可非议。但是，她出于一种对老人的责任感和爱心，勇敢地挑起了这个重担。从这件事，可以看出她的心地是多么的善良，她对老人是多么的孝敬，这也是长期受到奶奶爷爷的教育和潜移默化影响的结果，这是一种良好家风的传承和体现，值得学习和发扬。

8. 她专程飞往兰州看望珍姨

巴丽过去根本没有见过珍姨。当她听说珍姨爱人已去世,一个人住在兰州。她年事已高,腿脚不便,八年没有看过病,没有下过楼。巴丽对我说:"她一定会有很多困难,也一定很寂寞,我离她比较近,我一定抽时间去看望她,和她聊聊天,帮助她做点事。"她是这样说的,也是这样做的。虽然巴丽的家里也有个病人,她就把病人托给邻居照料,她于2016年6月17日乘飞机专程飞往兰州去探望珍姨。

珍姨见她专程来访,非常高兴。她们俩亲密无间,畅谈直到深夜。巴丽帮助珍姨做了很多事,如去银行换了存折,又到商场里去买了不同种类的食品,以便以后让保姆去买同样珍姨爱吃的东西等。

虽然时间不长,但是却表现了巴丽继承了她妈妈传承给她的外婆程家的好家风——关心他人,助人为乐。

9. 我穿上了驼毛大衣

冬天北京的天气是很冷的。在 20 世纪 60 年代，还没有羽绒服。有钱的人冬天都穿皮大衣，一般人也就穿一件大棉袄。

我的表姐程应铮当时在内蒙古工作，那里出产驼毛。我想："要是能帮我买点便宜的驼毛，做件大衣，冬天出门，那该有多么暖和啊！"

当时，我知道表姐和表姐夫的工作都很忙，他们的孩子都不大，工作和家务两副担子"双肩挑"，已经很不容易了，真不好意思向他们开口。有一次表姐来北京出差，她问我："你生活上有什么困难吗？要不要我帮助？"我鼓起勇气说："能不能给我买点便宜的驼毛？"她马上毫不犹豫地说："当然可以，我回去就让你表姐夫给你办这件事。"

一个月以后，我收到了表姐从内蒙古寄来的一个很大很重的包裹，打开一看，里面全是驼毛。我的同事说："这是生驼毛，弄起来可费事呢！她告诉我原本生驼毛，和骆驼屎和泥土是混在一起的，特别脏，要经过多次泡、洗、晒、晾才能弄成现在这个样。""人家真是不怕脏，不怕累，给你弄这么多，真够费事的。"听了这些话，我非常受感动，也很过意不去。我觉得表姐寄来的不是驼毛，而是他们的一片真情。

后来，我把这些驼毛经过整理，撕开，为我们家里每一个人都做了一件里活面的驼毛大衣，还给我自己做了一条驼毛棉裤。每当十冬腊月，北风呼啸，穿上这又暖和又柔软的驼毛大衣外出时，我都感到心里热乎乎的。这是亲人们在用他们的行动温暖着我的心，我从心里感谢他们真诚的关心和帮助。

10. 她给小姑子伺候月子

三表姐程应铮有七个小姑子一个小叔子。她对这群姐夫家的亲人就像对待自己的亲弟弟妹妹一样。他们上学、结婚、盖房子免不了经常要找哥哥帮助，三表姐一直都是支持，从不阻拦。弟弟妹妹来访总是热情接待，走时买好车票和当地土特产去车站送行。

特别是对小妹，三表姐不仅供她上学，直到大学毕业。特别难得的是她生孩子没人照顾时，三表姐都主动承担了伺候月子的重任。她不仅给小姑子炖鸡汤、买各种营养品给她补养身体，而且帮助她洗洗涮涮，带孩子喂奶。伺候月子的事是很累人和琐碎的，这本来是婆婆和妈妈应该做的事，怎么也轮不到嫂子来伺候，但是三表姐却任劳任怨，花钱、出力都毫无怨言。这表现了她宽阔的胸怀，反映出她关心别人胜过关心自己。把别人的困难当作自己的困难。这正是外婆程家家风——关心别人，助人为乐的具体表现。

11. 从黑龙江寄来的药材

　　外甥女冯云是我的表姐程应钿的女儿。她住在哈尔滨。她知道我身体不好，犯有多种疾病，所以总是自己掏钱买了药材给我寄来。她知道我睡眠不好，就从那里买来刺五加和五味子快递寄了来；她听说野生黄芪是补气的，用黄芪炖鸡能补养身体，就花高价特意托人到山里去买了野生的黄芪给我寄来；她得知我得了骨关节炎，站不起来，就从网上找了许多家卖骨胶原的厂家，挑选出最好的产品买了给我寄来；当我得了颈椎病以后，她立马就买了两种她贴得有效的台湾的膏药给我寄了来。她还时不时关心地问我："贴了没有，哪一种效果更好？"

　　在随亲友团去伊春旅游时，我听说伊春会下雨，就穿了一双旧皮鞋。回北京后，我接到一个快递包裹，打开一看，原来是小云给我寄来的两双鞋。她还嘱咐我说："鞋子一定要穿合适了，否则摔了跤，就麻烦了。"

　　最近她来北京又带给我一些药和睡衣。她说："天冷了，我怕您犯颈椎病给您带来点膏药；您老讲课，嗓子容易出毛病，给您带来了一些治嗓子的药；我怕您起夜冻着，给您带了一套睡衣。"她可想得比我自己还周到，使我十分感动。

　　从她不断地给我寄药材和为我买鞋买睡衣这些事上，可以看出她对我是多么的关心。我又不是她的亲妈妈，只不过是一个表姨，就是亲生的闺女也不一定能做到这分上。联系到她的妈妈对我的关怀，就不难看出这正是她妈妈教育的结果，也是外婆好家风的具体体现。

12. 她们专程来看望我

　　2012年，我的老伴得了脑梗死。我当时情绪很不好，我思虑万千，我想："今后这日子可怎么过？我的儿子是弱智聋哑残疾人，还患有糖尿病。他听不懂，不好做工作，不肯吃药，还吃大量主食，随便买甜食吃。我害怕他以后会有并发症。要是瞎了眼睛，锯了腿，又聋又瞎又瘸可怎么办？我老伴要是旧病复发，半身不遂，我请不起保姆又搬不动他，可怎么办？"越想越悲观，甚至出现了焦虑和厌世的情绪。正在这时，表妹泰尔、外甥女冯云和韵韵出现在我的面前。泰尔是在教课的百忙中抽出时间来看我的。冯云和韵韵是从外地专程赶来看望我的。她们给我带来了营养品，还给了我好几千块钱的营养费。她们对我说："我们特别惦记你，很不放心，怕你想不开。""你不要光是苦恼，要面对现实，想办法解决问题。办法总是比困难多。"她们一方面安慰我，一方面给我提出了不少的合理化建议。她们的亲情温暖了我的心，我从心里感谢她们。她们的建议给我提出了解决问题的方法，她们的行为鼓舞了我去克服前进道路上的重重困难。这种亲情和关怀，使我永世难忘。

13. 放弃教收费生来教亲人

　　我的表妹泰尔是中央音乐学院的钢琴教授。她有很扎实的功底和灵活的教学方法，她的很多学生都得过大奖，所以登门求教的学生很多。她上课的时间都是排得满满的。每次上课也都会有较多的收入。

　　当韵韵和菲菲来北京，提出想向她学习钢琴的想法时，她毫不犹豫地辞掉了一些收费的学生，免费来教自己的亲人。在教学中她既耐心又严格地要求她们，使她们俩在钢琴方面都有了很大的进步。

　　这说明，泰尔把亲情看得高于金钱。这一方面表现了她淡泊名利的好品质，也表现了她继承了外婆程家的关心别人，助人为乐的好家风。

14. 在程韵家里过春节

2007 年，为了了解五舅舅程懋筠的生平，我们许多人南行到上海、苏杭等地去调查。我们一行 10 多个人，到苏州时，正值春节，程韵夫妇让我们这一大帮子人，全都住在他们家里。真把他们两口子忙坏了，光是安排住宿就折腾了半天。春节的物价比平时贵得多，小贩子都趁机抬高物价，一斤桂鱼竟卖到 90 多元。但是，他们不惜高价，除夕做了一桌子美味佳肴款待我们，初一又请我们到苏州著名的饭店里美食一顿，还亲自带我们去游览拙政园等名胜古迹。临别时又送给每人一条很长的高档真丝围巾和一些土特产。他们自己平常过日子也很节约，但是他们为了让我们住得舒服，吃得满意，玩得开心，在体力上、精神上和经济上都全力以赴。他们对我们这样热情款待，表现了他们对亲人的一片诚挚的感情。

15. 他是程家助人为乐的好标兵

　　程钢去汪山土库参观，不幸摔断了股骨头。事情发生后，程钢疼痛万分，自己又不能动，处于非常困难的境地，是表弟舒健给了她极大的帮助。他不仅为她联系了医院，挑选了技术精湛的好医生为她做手术；而且买了老母鸡为她熬鸡汤，补养身体。后来又为她买车票，扛行李，送她上火车。跑前跑后，忙个不停。程钢现在恢复得很不错，已经能自己出门走路了。程钢说："要是没有大家的帮助，就不会有我的今天。"当大家表扬舒健为程钢的康复立了大功时，他却谦虚地说："我们是一家人，这是我应该做的。"

　　在程钢整个治疗过程中，表现了外婆程家人的大团结。不仅舒健全力以赴，而且以程懋暾为首的所有的程家人都不断地去慰问，去探望，去无微不至地关心。这件事反映出外婆程家人互相关心，助人为乐，一人有难，人人相帮的良好家风。

16. 无私奉献印家谱

　　程氏家谱已经出版了，印数 700 册。在这里不能不提到程晓康为它的出版所做的无私奉献。2007 年，当晓康到汪山土库祭祖时，得到了一本很薄的介绍汪山土库的小册子，他就主动地对家族联谊会会长说："我是搞印刷厂工作的，以后有什么东西要印，尽管找我，我可以帮忙。"2014 年底，晓康又一次来到土库。家族联谊会的会长告诉他，家谱已经完成。他马上热情地说："拿来，我给印刷。"于是这重任就落在了他的肩上。

　　晓康领导的上海真田美术印刷公司本来只负责印刷商标，他们是不印刷书的，更没有印刷过精装书。联谊会会长提出要印刷 500 本家谱而且一定要精装的，这对他来说是有很大困难的，但是他面带笑容满口答应，并且还主动多印了 200 本。后来，家族联谊会收到了 20 多箱 492 本家谱，再加上他寄往国内外本家亲属的家谱，光是运费就是一笔可观的数字，但是晓康分文未取，而且还很低调，他要求在家谱后记中千万不要提及此事。他还表示能为家族出点力是应该的，这没什么可宣扬的。

　　晓康这种无私奉献印家谱的行为，正是程家好家风的具体体现。他这种只做奉献，不求回报，淡泊名利的精神，助人为乐的好品质是值得学习和弘扬的。

　　总之，通过这点点滴滴的小事，处处都表现了程家的好家风、好品质、好传统。这些好品质、好作风和好传统应该代代相传，并发扬光大。

17. 重病时刻见真情

2017 年，我姐姐裴婉畴得了癌症，亲戚们都很着急。大家虽然离得很远，但是都十分惦记。冯云和程实等在微信通话中多次讨论她的治疗方案。程实自掏腰包去北医三院，花大价钱挂了特需门诊的专家号，进行咨询。因为姐姐年事已高，而且患心脏病，不能动手术，也不能做放、化疗，只能服用进口药。这和川医做的判断是相同的。

姐姐住院后，姐夫天天去探视、关心和安慰她。我也从北京专程去成都看望了姐姐，见了最后一面。她的二女儿特地请假从美国去成都探望，并为妈妈洗洗涮涮，进行护理。小女儿给送去了鸡汤。这些都表现出在姐姐重病时刻，家人的关心和浓浓的亲情。

表弟妹袁锦锦，不顾年老体弱多病，在大热天，不怕劳累，用了一整天时间，陪同姐姐到很远的川医去检查。表侄女棋选、棋尔，带着鸭子等营养品去探望。在病危时，有很多批亲戚到医院去看望，其中有张坚夫妇、程永康夫妇、棋尔、棋选夫妇、程莞夫妇和父母……他们有的还是从外地特地赶来的。他们给了慰问金、营养品并对家属进行了慰问。在姐姐去世后，全国各地的亲戚都送了花圈。程莞虽然工作繁忙，但是她在百忙中抽空替全国各地亲戚买了花圈，布置了会场，费了很多时间和精力，帮助操办了丧事。这一切都表现了亲戚对我姐姐的关心和爱护，表现了浓浓的亲情。我感谢亲人们对姐姐的一片真挚的深情，也再一次体会到了外婆程家互相关心的好家风。

18. 蔡金同鼓舞着我前进

我在北京女一中上学时，班上和一位名叫蔡金同的志愿军战士建立了联系。他是志愿军二级战斗英雄。在他参加志愿军国庆观光团时，我有幸见到了他。

在一次战斗中，他们打败了敌人多次进攻。他四处负伤，他的头顶受伤，左手骨折，右腿受伤。更严重的是敌人打穿了他的肚子，肠子都流了出来。伤情是十分严重的。

当时已是黄昏，他想："我一定要爬回阵地，绝不当俘虏。"

他把肠子塞进了肚子里。开始用一根树枝当拐棍，后来又爬了三里路。沿途还经过一个小丘和一条小溪，终于爬回了阵地。

他的事迹，给了我深刻的教育和极大的鼓舞。我想："他们是在枪林弹雨中，奋不顾身，英勇杀敌。我们是在和平环境里过着幸福的生活，还有什么不能克服的困难呢？"所以，后来无论是家庭困难、年老多病、还是遇见挫折坎坷，当我想起了蔡金同的英雄事迹，浑身就充满了力量。他鼓舞着我去迎接困难，以百倍的信心去战胜困难。

记得有一年，我家里有三个老年病人需要照顾。我爱人常年出差在外，两个孩子还小，又有病。摆在我面前的困难确实是不小的。正在这时，学校分配下学期的教学任务。一共是十一个班，由三个老师分担。一个人三个班，还剩下两个班没有人教。我是教研组长，繁重的任务我当然应该带头承担。但是，想起家里的困难重重，老人和孩子都需要照顾，真感到有点力不从心。也曾想过打退堂鼓，把矛盾上交给领导去解决。

　　但是，蔡金同的形象立刻出现在我的眼前，他是在枪林弹雨中去拼搏，去战胜敌人。我们是在和平的环境里，最多也就是少睡点觉，多讲几节课。比起他的困难，我们这点困难又算得了什么呢？在蔡金同的鼓舞下，我鼓起了勇气，愉快地主动承担了五个班的教学任务。

　　现在我已经是 84 岁的老人了。在家里还要照顾两个病人。我用蔡金同这样的榜样鼓舞我。我虽然拿不动镐头，但是我还有指头，我能用指头打电脑写文章，打讲义。我还有舌头，我能讲课。我还能做一些力所能及的工作，为实现中国梦做出自己微不足道的贡献。

19. 她总是站在我的床前

　　万钫是我的初中的同班同学，也是我的好朋友。我们两家离得很近。所以放学后，我们常常在一起复习功课，一起玩耍。

　　期末，我得了严重的风湿性关节炎。整天卧床不起，连翻身都不行。

　　我的妈妈非常着急，她悲观地叹气道："婉华这么年轻，要是好不了，瘫在床上怎么得了？"正在这时，万钫走了进来，她关心地问："裘婉华，你怎么了？马上就要期末考试了，你病得真不是时候。我爸爸是医生，看他能不能给你治好。"

　　万钫的爸爸是个著名的外科专家。曾经去过延安，给毛主席检查过身体。那时，他是天津市一个医院的院长，还担任过天津市抗美援朝医疗大队的队长，给志愿军治过病。

　　回家后，她向她爸爸介绍了我的病情。他爸爸说："这个病能治好。不过，我是搞外科的，你还是让她去找朱宪彝大夫看吧！他是内科专家，准能治好。"（朱宪彝担任过天津医学院的院长）在他们父女的帮助下，我找到了朱大夫。他仔细地检查了我的病情，给我开了处方。他对我妈妈说："老太太，这种病我治过很多。它来势汹汹，但是，吃了几天药就能动弹。最多一个月就能痊愈，保证瘫不了，你放心。"听了这番话，我妈妈一块石头总算落了地。

　　以后，万钫几乎天天放学后，都来看我。她背着个书包，站在我的床前。有时仔细观察着我，看我病情是不是好转；有时拿出书来，告诉我老师给我们班复习了什么内容；有时就拿出她的《新儿童》来看，给我讲讲里面有趣的内容。总之，在那段时间里，她是我家的常客，也是我天天盼望到来的人。她给我带来了友谊、温暖和快乐。

一个月以后，在朱大夫的精心治疗下，在万伯伯和万钫的关心下，在妈妈的呵护和照料下，我终于能起床走路了。开学前，我参加了学校为我进行的补考，我门门考试都通过了。我随全班一起升入了初中二年级，我们全家都很高兴。我们很感谢万伯伯和万钫的关心和帮助。这已经是六十多年前的事了。但是，在我极端困难的时刻，万钫背着书包，站在我床前的形象，一直留在我的脑海中。

20. 送礼物的故事

在节日里，给学生送点小礼物，往往是鼓励学生进步的一种很好的方式。它可以通过礼物表达对学生的关心和爱护。

我记得，我在天津圣功女中上初中的时候，有一件使我难以忘怀的事。那是一个寒假的早晨，已经八点多钟了，我还在床上睡懒觉。突然一阵敲门声把我惊醒。我披着棉袄去开门，原来是沈平老师来看我。我当时非常狼狈。头没梳，脸没洗，床没铺。这副样子面对老师，真是太尴尬了。沈老师进屋后，拿出一本写苏联英雄马特洛索夫的书送给我。上面还写了不少鼓励我要向英雄学习，严格要求自己的话语。我看后，真觉得无地自容。以后，只要我想偷懒，我就想起这个尴尬的场面以及沈老师对我的鼓励。我就咬紧牙关，克服懒散，去做自己应该做的事。

在我自己也成为一名教师以后，有一次，我遇见一个痴情的学生。他喜欢一个女生，遭到拒绝后，他就割了手上的血管自杀，未遂，受到学校的处分。他情绪低落，上课总是耷拉着脑袋。我想："年轻人有错改了就好，我一定要鼓励他向前看，争取进步。"我找他谈话，主动和他交朋友。

在过年的前夕，我把他叫到办公室。我送给他一个笔记本，上面写着保尔的那段名言："人生最宝贵的是生命……一个人的一生应该这样度过……"他高兴地接过礼物，并从书包里拿出一个很漂亮的礼物送给我。他说："您对我太好了，这是我用助学金攒下来的钱给您买的礼物。"我说："这个礼物太薄，我不要。我要你送我一份更厚的礼物。"他说："您要什么样的礼物？"我说："我要你更大的进步，请你把你的进步写在这个笔记本上。"他的眼里滚动着泪花，紧紧地握着我的手说："今后我一定严格要求自己，争取更大的进步。"以后，他确实表现不错。

董思源是我同学的外孙。他是个很聪明、很勤奋的孩子。我曾经通过打电话教过他英语。他既聪明又用功。听课精神非常集中，有时我一口气教他几十个单词，他马上都能记住。高中毕业后，他考上了英国著名的帝国理工大学。在他出国前，我琢磨着一定要送他一件有意义的礼物。我希望他学成后，能回国为祖国建设做贡献。我就送给了他一本《钱学森传》，上面写着："向钱学森学习，做一个爱国科学家。为祖国的现代化，为实现中国梦做出自己应有的贡献。"他出国后，学习一直刻苦努力。他们全年级共有200多个学生，他排名20多，还得过学校发的奖状，表现得很不错。他现在又被耶鲁大学录取为全额奖学金的硕博连读的研究生。他回国休假，我又提出希望他努力学习，今后争取得诺贝尔奖，为祖国争取更大的荣誉。

21. 第一次从香港娘家回来

张玉鸾是我在女一中的同班同学，她是印尼归国华侨。我们是同桌，连睡觉的床铺都紧挨着，我们很谈得来，很快我们就成了好朋友。我们在学习上互相帮助，生活上互相照顾，在一起有谈不完的心里话。

她归国多年从未回过家。20世纪90年代初，她第一次去香港探亲。那时候火车票不好买，火车站十分拥挤。临走时，为了轻装上路，只给妈妈带了一点北京的特产。回来时，却是大箱子、小提包带了不少的东西，费了九牛二虎之力才挤上了火车。

到北京后，她立马提着大箱子到了我家。她对我说："小裘，你比较困难，缺少衣服。我到香港后经常出去转悠，就是想给你买些便宜货。"她打开箱子给我看，里面给我家每个人都买了一件冬天穿的大衣。给我四季的衣服都买全了。连我家保姆邓婆婆都给了一块裤料。她说："我的衣服够穿了，就没买什么。"她又花钱又出力，第一次从娘家回来没给自己买什么，却给我带了这么多东西，这使我很过意不去。她还替我买了一台电视机，她说："小健有电视看了，就会比较乖，你也能省点事。"她为我想得是多么周到啊！我从心里非常感谢她对我无微不至的关怀。

联想到她平时也总是像亲姐妹一样关心我。她的孩子比我的孩子大两岁。隔一段时间，她就会把她孩子穿小的衣服洗干净送给我。她说："孩子长得快，你不用给做新的，穿小缨剩下的，你就能省很多事。"

从这些小事中，可以看出她对我是多么关心，她对我的友谊是多么深厚。

22. 毛衣的故事

　　年过半百，什么毛病都找上身来了。我在 50 多岁以后，得了比较严重的肩周炎，手抬不起来，不能自己梳头和穿衣，套头的毛衣根本不能穿。我的中学同学付月珠见此情况，很关心我。她用一个星期的时间为我赶制了一件开身的毛衣，给我解决了一大难题。我从心里非常感谢她。穿上这件毛衣暖在身上，热在心里。这件毛衣穿了十多年，已经很旧了，我也舍不得扔掉。

　　又过了若干年，我的老同学候静媛春节前来到我家。她看见我身上还穿着那件旧毛衣，就对我说："你的毛衣该换件新的了。"年后，她带着一件枣红色的很漂亮的开身毛衣再次来到我家。她对我说："你那件毛衣太旧了，已经不暖和了。我用春节休息的时间给你赶着织了一件开身的新毛衣送给你。你试一试，不知是不是合身。"我穿上正合身。我说："毛衣我收下，但是，买毛线的钱我得给你。你也不富裕。我有工资收入，有时还能挣点讲课费。这毛线钱我一定得给。"争论了半天，她才勉强地收下。

　　几十年前的同学对我这样关怀。穿上新毛衣，我从身上到心里都感到十分温暖。

23. 她和我本来素不相识

詹婧韶是人民大学党史系的老师。她和我本来素不相识。我当时在学校里也教党史课。我们学校规模不大，资料和教材都很缺乏。为了讲好课，心里真是焦急万分。正好这时，人民大学举办党史讲座。我得知后，万分高兴，就前去报名参加。

詹婧韶当时是主讲老师。她讲课内容丰富、简明扼要、逻辑性很强，很多东西听后都感觉很新鲜，收获很大。遗憾的是她讲课速度太快，记不下来。碰巧回家时，我们坐的是同一辆公共汽车，我就直接给她提了意见。她说："以后，我一定注意讲慢点，让大家能记下来。"我感到她是一个很谦虚的人。

以后，我常常去听她讲课，也常常在车上相遇，一回生，二回熟。在聊天中，我常常向她倾诉我在教课中的困难。我说："我们是个小学校，一无资料，二不搞科研，教课也就是人云亦云。形势变化太快，讲这种课实在是太难了。"我说："大国发扬国际主义帮助小国，你们大学校也帮助帮助我们这些小学校吧！"她对我说："你有什么困难和问题就提出来，我一定尽量帮助你。"我听后太高兴了，心想："要是能交上她这样一个朋友，向她学习，那该多么好啊！"

我们两家住得比较近，常常遇见。见面时，她都关心地问我备课的情况，问我有什么困难，缺什么资料。后来，我也就不和她客气了。我说："我缺一整套好的讲义，还缺一些生动的实例，讲起课来总是干巴巴的，学生不爱听，我也很苦恼。"

她痛快地说："我把人民大学编的一整套党史讲义六本都送给你，可能会对你有点用。"还有一次，我备课中遇见困难，到她家里去向她请教。她毫无保留地拿出她刚写完的讲稿给我看，供我参考。一个过去本来素不相识的老师，如此毫无保留地、无私地帮助我备课，把别人的困难当作自己的困难，这使我深受感动。

她不仅帮助我备课，还帮助我开展第二课堂活动。在讲"五四运动"时，我想请人民大学彭教授（编新民主主义革命史的编辑）来校做有关五四运动的报告。我请她帮助联系，她有求必应，真给请到了。报告收到了很好的效果，要不是她的帮助是根本不可能实现的。

她还告诉我应该怎样收集材料。她说："讲历史首先就应该掌握第一手资料，不能人云亦云，一定要根据史料来下结论。"她告诉我在讲"五四运动"时，她就整天坐在图书馆里一篇一篇地翻阅《新青年》杂志上李大钊和陈独秀的文章，只有这样讲起来心里才有底。一个过去素不相识的老师，这样无私地、热心地帮助我，把我的困难当作她自己的困难，我从心里感激她。

24. 她把被子借给了我

武克冰是延安时期的老干部，也曾是北京卫生学校人事科和政治教育科的科长。她朴实、和蔼可亲、平易近人，对人很有爱心。

我女儿两岁多的时候，送到了二医幼儿园。因为环境生疏，在那里，整天哭闹，常常生病。弄得我狼狈不堪，影响了我的工作和学习。

武科长得知此事后，对我十分关心。她告诉我说："我在延安时就在幼儿园工作。孩子刚入托时，对环境不适应，常常会生病，最好开始还是日托。你家里离学校比较远，来回接送不方便。你可以住在学校里，早上送，晚上接，孩子就比较容易适应。"我说："那也挺麻烦，还得从家里背行李到学校里来。"她马上回答说："你不用运行李。我在学校里有被褥，你可以拿来用。"不一会儿，她就把被褥给我送来了。"关心群众比关心自己为重"，这正是老八路的作风在她身上的体现。

我有个老同学是印尼的归国华侨。她不幸得了肝血管瘤。如果撞上了硬东西，碰伤了血管就会大出血，有生命危险。我很为她担心。听说这种手术是很难做的，全国只有301医院和上海的一家医院的专家会做。正好武科长的爱人在301医院工作，她们家也住在301医院里。我对她说："这是个爱国华侨，她为了建设祖国，抛弃了富有的家庭生活，回到祖国。她现在得了重病，我们一定要想办法帮助她。"武科长听后，马上让她的老伴去打听，原来会做这种手术的黄大夫是她家的邻居，她拜托他请他帮助做手术。手术做得非常成功，从而挽救了这个华侨同学的生命。我深深地感到了武科长的善良和爱心，也看到了她助人为乐的高贵品质。

25. 她如此地不怕脏和累

1970 年，我在宣武医院护校代课。上完了课，晚上就给学生辅导，没事时就和班主任袁淑敏在办公室里聊天，我们很谈得来，很快我们就成了好朋友。

1988 年，我家的老保姆邓婆婆得了重病，常年卧床不起，经常拉不出大便来。有一次，用开塞露，用手抠都不管用。她的肚子胀得鼓鼓的，看着她那痛苦的表情，我真是没了主意。我就打电话给老袁，她是学医的，想让她给拿个主意。她回答说："你别着急，下班后我马上赶到你家里。一定能给你解决问题。"宣武医院离我家很远。她没顾上吃饭，穿过半个北京城赶到了我家。

来我家后，她连一口水都没喝，打开书包，拿出个最大号的注射器就往里面灌满了甘油。她让邓婆婆趴在我身上，就往老太太的肛门里注射甘油。甘油注射多了，就把大便渐渐地化成了屎汤子，屎汤子不断向四处喷射，弄得她满脸、满身全是。但是，她毫不在意，还继续往里慢慢注射。直到邓婆婆憋得不行，叫着受不了，要拉大便，才把她弄到厕所，把所有的"存货"通通排了出来，彻底拉了个痛快。邓婆婆脸上终于露出了笑容。她高兴地说："这回是真解决问题了。"袁淑敏为了给病人解除痛苦，如此不怕脏，不怕累，这种舍己为人的精神真是值得敬佩。

邓婆婆没有子女，是五保户。可是，她的户口在天津，她的养老和医疗问题都应该由天津民政局解决。老袁曾把两个孩子撂在家里，专程陪我去天津解决邓婆婆的问题。

那年冬天，邓婆婆不幸去世。老袁得知后，马上赶到我家。她不怕尸体又脏又臭，一个人给她穿寿衣。在送往医院的太平间时，坐的是一辆敞篷车。她觉得我年龄比她大，坚持一定要我坐进司机驾驶室，她自己却顶着西北风，坐在敞篷车厢上尸体旁。一路上受冷，把她都冻感冒了。

从这些小事中，可以看出她是一个助人为乐的人，也体现了她对我的深厚的友情。

26. 一把藤椅

　　薛振兰是我在卫生学校的老同事，也是我的好朋友。有一天她到我家里来玩，看见我家里的老保姆邓婆婆，坐在椅子上时，身体歪在一边。她问道："她怎么身体歪在一边呢？"我回答说："大夫说，她得的是脊柱侧弯病。这么大年纪了，开刀她受不了，只好慢慢养着了。"小薛看着她难受的样子，直皱眉头。她说："咱们得想个办法，让她待着舒服点。"

　　过了几天，小薛端着一把藤椅，气喘吁吁地来到我家。她放下藤椅，对我说："我买了一把藤椅，邓婆婆坐在藤椅上，身体可以靠在椅子的一边，会省一点力气，感觉会舒服些。"接着她就让老太太坐在藤椅上。她热情地问道："您这样坐着是不是感觉舒服些？"我看见邓婆的眼睛里闪动着泪花，双手合十作揖向她表示感谢。

　　小薛把一个与她不相干，别人家里的保姆的病痛，放在心里，想尽一切办法为她减轻痛苦。她的心地是多么的善良啊！

　　联系到她平时对别人的关心，就更感到她是一个非常善良的人。

　　20世纪60年代，小薛每月工资只有38元。她还有一个孩子，生活也很拮据，平时都是买点处理布自己动手缝制衣服。有一次她的妈妈给她50元，让她去买一块的卡，做件外衣过年穿。这笔钱在当时相当她一个多月的工资，是一笔很可观的数字，她很高兴。但是，她听说一个同事，家里孩子得了肝炎，治病要用钱，加强营养也要用钱，生活十分困难。她就毅然决定不做新衣服了。她亲自把钱送到那位同志的手里，对她说："我妈给我钱买衣服我不买了，这钱借给你，无息贷款，什么时间还都可以。有困难不还也可以。"就这样她解决了别人的燃眉之急。从这件小事中可以看出她的心地是多么善良，她具有舍己为人的高贵品德。

27. 让她安度晚年

陈妈妈是我的邻居，也是我的朋友。她不幸得了脑中风，瘫在床上半边不能动。时间长了，臀部肌肉的颜色变成了紫色，再不注意，就会得褥疮。发炎后，会导致败血症，就会有生命危险。这种情况需要经常翻身，也应该在不正常的臀部皮肤下面垫一个橡皮圈。但是医务室没有，到医院里去借也借不来。我到太平庄、新街口、西单的药店都没有买到。最后，跑遍了半个北京城，终于在前门的药店买到了。陈妈妈用上它，就没有得褥疮。我心里感到很高兴。

后来我帮助她找到了一个 50 多岁的保姆。这个保姆不怕脏，不怕累，每天都给她洗涮得很干净，没有一点异味。陈妈妈有病心情不好，常常对保姆发脾气。有一天保姆对我说："我这么辛苦地伺候她，稍不如意，她就对我大发脾气。说什么'你拿了我的钱，就应该好好伺候我'。我靠劳动吃饭，凭什么她这样欺负我。她再这样对我，我就不干了。"我对保姆说："你辛苦了，你做的工作，大家都看得见。她有病，心情不好，老糊涂了。你就多多原谅她，也算是积德了。"

陈妈妈的女儿工作很忙，不可能整天守在她的身边，要是保姆走了，陈妈妈可就遭罪了。我对陈妈妈说："现在是新社会，对保姆应该平等对待。要尊重她们的人格和劳动。再说，现在你全靠她伺候，要是她不干了，你怎么办？"听了我这番话，陈妈妈觉得很有道理。她对我说："我听你的，往后再不对她发脾气了。"以后她确实真的改变了，和保姆的关系有

了好转。这个保姆就一直为她养老送终，照顾到她离开这个世界。陈妈妈
在最后的日子里，能够一直有人照顾，安详地度过她有病的晚年，我也感
到很欣慰。

28. 他不怕风险，敢于拍板

2006 年，我先生老陈出现了尿急、尿频、夜尿次数增加的症状。在体检中 PSA 的数值比正常值高得多。他们单位的大夫对我说："你要做好思想准备，有可能是前列腺癌。"我听后非常紧张，就带他到处去检查。费了牛劲，才挂上了一个顶尖的专家号。我们把全部检查的报告给这个顶尖的专家看了。我问专家："他到底得的是前列腺增生还是前列腺癌？"得到的回答是："现在还不知道。"我又问："应该怎样治疗？"他回答说："有三种方法，穿刺、电切和开膛。"我问道："到底用哪种方法治疗对他更好？"专家说："这要由你们自己来决定。"我们找专家，可是专家却要我们自己来决定。我们只好失望而归。

后来，我们去了北医三院，挂了个青年专家黄毅大夫的号，开始只是想咨询咨询而已。黄大夫首先仔细地看了过去的病历和检查报告，接着又认真地做了指诊。他说："检查中感到前列腺很大，都钻到膀胱里去了，但是质地不算太硬，看样子不像是癌，有可能是前列腺增生。"但是黄大夫还不大放心，就让他去做了 B 超和核磁共振。最后他说："他肯定得的是前列腺增生。"我就追问道："应该怎么治疗？"他说："穿刺、电切和开膛。"我又问："哪种方法更适合他？"黄大夫耐心地分析说："他的增生体积太大，如果穿刺，马上就会尿不出尿来，所以，不能穿刺；开膛流血太多，对身体损伤太大；电切的效果也不错，我看就做电切吧！"我们本来只是来咨询的，看到黄大夫认真负责，不怕风险，敢于拍板。老陈就说："我相信他，他敢于负责，就在三院请黄大夫做电切了。"一个犹豫不决的老大难问题就这样做出了决定。

手术前，老陈血压比较高，黄大夫采取了降压的措施。手术进行得很顺利。手术后，病理科送来的活检报告，证明了黄大夫当初的诊断是完全正确的。老陈高兴地对我说："黄大夫医德高尚，医术精湛，不怕冒风险，敢于负责任，给我治好了病，解除了我的痛苦，我真是从心里感激他。"这个手术没有任何后遗症。今年已经是术后第十二个年头了，一切完全正常。

以后，凡是得了前列腺病的亲友，我都向他们介绍黄大夫怎样治好了老陈的病。我的三个同学的爱人都得了前列腺癌。一个早期，一个中期，一个晚期。黄大夫根据他们不同的病情，分别采取了电切、打靶、内分泌等不同的方法进行治疗，都取得了很好的效果。他们个个都没有后遗症，直到现在一直都很健康。这说明黄大夫对病人是高度负责的，医德是高尚的，医术是精湛的。

29. 巧遇

有一天。我去北医三院看完病，已经是中午了。我就去对面永和餐厅吃饭。当时人很多，我手里拿着两个书包很重，买餐票要排长队。我看见一个餐桌前坐着一位慈祥的老太太，我就对她说："大妈，我去排队，您帮我照顾一下东西。"她微笑着点头表示同意。

买完饭票，我问她："您也是到三院来看病的吧？"她回答说："不是，我是在三院工作，现在退休了，是回来开会的。"我问她："您是哪科的大夫？"她说："妇产科的。"我对她说："我有一次宫颈出血，去你们科看病。还是挂了个专家号，内诊后，就尿不出尿来了。坑的我好苦呀。我的一个在三院工作的学生对我说：'你怎么找她看病，怎么不找唐华呀？她的医德医术都很高。'"我说完后，老太太哈哈大笑了，她说道："我就是唐华。"我喜出望外，站起来紧紧地握着她的手说："我早点认识您就好了。"吃完饭，她约我到妇产科的休息室里去聊聊。她问我："您在哪儿工作？"我说："我曾经在卫生学校工作了二十多年。"她问我："您认识张梅白吗？她是我在上海医学院的老同学。"我说："我当然认识，我们是老同事，挺熟的。"我和唐大夫刚一相识就很谈得来。她说她记忆力有点下降，我建议她去上科学院老年大学的英语口语班，学英语对锻炼脑子很有帮助。她接受了我的建议。这样我们就成为同班同学了。我们一起上课，一起同路回家，一起复习英语，一起聊天，成了好朋友。

有一次我的老毛病又犯了，我向她叙述了我的病情。她说："我一定要想办法治好您的病。"她一方面把我介绍给她认为医术最好的同事看病，另一方面给我提出了许多合理化建议。她认为这种毛病和女同志年老后雌激素减少有关，一方面要注意卫生、要消炎，也要补充一些雌激素。按照她的治疗方案，我坚持了一段时间，效果确实不错。

通过较长一段时间的接触，我感到唐华不仅是一个医德高尚、医术精湛的好大夫，而且是一个为人诚恳、乐于助人的好朋友。

30. 他既有爱心又特别有耐心

——袁大夫和病人的友情

袁硕是北医三院中医科的一位知名的老大夫。他的医德高尚，医术精湛。他不仅有爱心而且还特别有耐心。

有一次，我的聋哑儿子得了重感冒，高烧不退。到了袁大夫诊室后，袁大夫问道："你哪儿不舒服？"我说："他是哑巴。"袁大夫微笑着耐心地对我说："别着急，您慢慢说。"他仔细地给孩子做了检查，号了脉，看了嗓子和舌头，还用听诊器检查了肺部。然后对我说："您别着急，他不是肺炎，他是扁桃腺发炎。吃几服中药就能好。"听后，我也就放心了。我感到袁大夫对残疾人不仅有爱心还特别有耐心。

我由于妇科检查不当，时常尿不出尿来，吃了许多西药都不大管事。我找到袁大夫，吃了几付中药就见效了。我觉得他的药特别灵，所以一有情况，就去找袁大夫，他准能解决问题。有一次我去武汉探亲。由于太劳累又患病了。我人生地不熟，只好多吃西瓜来利尿。回北京后，我对袁大夫说："我当时真想写信给您，请您给我寄一个中药方，但是您太忙，我没好意思。"袁大夫笑着说："你何必那么客气呢？你如果来信，我一定会给你寄去。给病人解除痛苦是医生的责任嘛！"听了这话，我心里热乎乎的，觉得他真是一个很有爱心的大夫。

袁大夫年事已高，身患癌症，我真怕他不出诊了。我问他："如果您不看病了，上您家里您能给我开个方子吗？"他说："那当然可以，你是老病号嘛！"连想起他平时不辞辛苦，虽然年老体弱有病，还总是早晨7点钟就出诊，给那些没有挂上号的老年病人加号。他宁愿自己受累，也得让病人都能看上病。为了给那些卫生员、勤杂工等挣低工资的人，节省医药费，他总是开一些既能治病又价格便宜的药。有一个女孩因车祸，脑子受了重伤，袁大夫不仅给她治病，而且还通过微信，做她的思想工作，让她快乐成长，鼓励她进步。这些点点滴滴的小事，足以表现出袁大夫的爱心和耐心。

对于一些不讲道理的病人，袁大夫从不发火，总是以理服人，耐心对待。有一次，我看见一个年轻女子去看乳腺疾病。袁大夫给她进行了仔细的乳腺部位的检查。那个女子突然指着袁大夫的鼻子大骂道："你简直是个大流氓。"袁大夫受了这种委屈后，仍然非常冷静，他平静地对那个病人说："我不给你检查，我怎么能给你确诊呢？再说，我也不可能当着这么多人的面耍流氓呀！"袁大夫能够正确处理这件事也表现出他对病人是多么地耐心。

还有一次，袁大夫站在楼梯口。一个精神病人突然猛推他，他被推倒，滚到了楼下，他的胳臂都摔成了粉碎性骨折。当谈到这件事时，他一点也没有埋怨这个病人。他说："她是个精神病人，精神不正常才做出这种事来。"自己受了伤，遭受了那么多痛苦，他却对闯了祸的病人，采取了如此宽容的态度。这使我十分感动。

总之，袁大夫的所作所为表现了他是一个既有爱心又特别有耐心的全心全意为病人服务的好大夫。像这样的好大夫是国家的宝贵财富，我们都要爱护他们，尊重他们的劳动，保护他们的健康。只有这样，这些好大夫才能为人民的健康和幸福做出更大的贡献。

31. 你快来，我有急事

　　王莉大夫是我们社区医院的全科大夫，也是我学生的妈妈。我常常到她那里去看病，所以我们也很熟悉。

　　有一天，我老伴忽然说话不清楚，两条腿也不能动弹，和上次中风的症状完全一样。当时家里没有别人，即使叫120，我一个人也没有办法带他去看病。我想，就到社区医院找大夫开点药，打打点滴也就行了。

　　在社区医院里，王大夫正在值班。我向她介绍了老陈的病情，要求她开点药打打点滴。王大夫说："那可不行，我们这里没有CT，不检查就不知道，他到底是脑栓塞还是脑出血。要是脑出血，越输活血的药就越糟糕。你还是带他去医院，查明了原因再用药吧，否则很危险。"

　　我觉得她说得很有道理。她看见我发愁的样子，就问我："是不是送医院有困难？"我点点头。她说："我现在正在值班，离不开，不能送他去。这样吧！我叫我先生送他去医院。"她立马打了个电话给她的先生。她说："你快来，我有急事，让你帮忙。"她又对我说："您不用着急，回家等着吧！我先生一会儿就来送他去医院。"

　　回家后不久，传来了一阵急促的敲门声，开门一看，门口站着一位男士。他自我介绍说："我姓蒋，是王莉让我来送陈先生去医院的。"这时我女婿也赶来了，我们仨就打的去了三院。

　　在医院里，蒋先生帮了不少忙。推轮椅、送化验单、缴费等忙个不停，像对待家里人一样，什么都干。他连中午饭也没顾上吃，直到快五点才算完事。我心里很过意不去，抱歉地对他说："真对不起，让您受累了。"他微笑着回答说："没事，我们年轻。以后有事就打电话言一声。赶上王莉值班脱不开身，还有我呢！您不用客气。"听了他的话，我深受感动。他俩是多么有爱心，多么具有助人为乐的高贵品质啊！

32. 这根本不是我干的事

李志琏是当时卫生学校的团委书记，她是一个非常诚实、热情、诚恳、品德高尚的人。

有一次，办公室主任杨瑞英告诉我这样一件事。

在一次党委会上，党委书记薛光同志表扬李志琏说："李志琏同志真不简单。年过半百，为了深入学生，还和学生一起滑冰，还组织了那么多的革命传统教育的报告。"老李马上站起来声明说："组织革命传统报告的事，根本不是我干的，这些都是裴婉华做的。从搜集思想情况，请、接、送报告人，到总结，我都没有参加，与我无关。"听了老杨的叙述，我非常感动。

听到老薛讲话后，只要她保持沉默，一切成绩就都会记在她的名下。但是她没有这样做，她实事求是地说明了真相。这和那些窃取别人成果，贪天功为己有的人相比，真是有天壤之别呀！

这件事，表现了她的诚实、真诚的高尚品德，也表现了她对我的真挚的友情。

33. 重度雾霾天气的来客

有一天晚上，天气预报中说："北京地区有重度雾霾，希望老人和孩子尽量不要外出。"次日清晨，透过窗户向外看去，天空一片黑乎乎的，根本看不见远处。我想："今天就老实点待在家里了。"

忽然，响起了一阵电话铃声，接听电话，原来是老同学张某某。她在电话里说："我今天要去你家里拜访。"我回答说："欢迎你，但是今天雾霾这么重，你还是找个好天气再来吧！"不料她坚持道："我不怕雾霾，就在今天到你家里去。"

我纳闷她干吗非这种天气串门呢？

她进门后对我说："很久没见，真是一言难尽。我得马上和你聊聊，让心里痛快痛快。"我说："怎么回事？你慢慢说。"

她告诉我说："这些年，我们家里接连发生了不少的事。开始是我老伴得了癌症，伺候他多年走了。后来我女儿又得了癌症，也走了。我真承受不了这接二连三的沉重打击。好在我自己还比较乐观，善于调节自己的情绪，终于闯过了一个个难关。"

她接着说："两年以后，我女婿再次结婚，我想，我要善待他们，对待新女儿要像对待自己的女儿一样。"于是我把自己住的主卧室让给他们做了新房。一年后，小宝宝出生了，我伺候她坐月子，也帮助她带孩子。这个女儿对我一直很好。她妈长妈短地叫我，不停地给我买我爱吃的东西，回家也主动地帮助我干家务。我们相处得非常融洽。不知道的人都以为我们是亲生母女。我很高兴，我又有了一个幸福的新家。"

她忽然抹着眼泪，语调沉重地说："天有不测风云。有一天女儿突然把保姆轰跑了，又对我大发脾气，叫我'滚蛋'。当时，我不明白她为什么对我如此无礼。我失望了，我不知道一个好好的家庭怎么就面临着崩溃的边缘。我心里难过极了，我就想来和你聊聊，心里好舒坦些。所以我顾不得有雾霾就来了。"

我一直倾听着她的诉说，我理解她的痛苦和忧愁。我希望她能把心里的委屈和苦恼统统发泄出来。我懂得在一个人经受磨难的时刻，只有宣泄，才能减轻她心理的压力，保持心理的平衡。我问她："女儿为什么会有这种变化？"她说："到医院检查的结果是她得了神经分裂症。"我说："那她并不是对你不好，而是她的病使她不能自控导致的，你要多多原谅她。你们还要及时给她治病。等她恢复了健康，情况就会好转，家庭又会像从前一样幸福。另外，你要面对现实，不要太伤心，要注意自己的身体。"在我们交谈和对她的安慰中，她的情绪逐渐地平静下来了。这时我才明白，她当时为什么顾不得雾霾，一定要马上到我家里来的原因了。她相信我，她愿意和我说心里话。作为一个朋友，通过耐心地倾听她的宣泄，并且对她进行了安慰和劝说，使她的情绪有了好转，我心里也感到极大的欣慰。

34. 事先设计好的"阴谋诡计"

2015 年，我在 ABC 外语学校学习国际音标。同班的学友有些是刚起步学习英语的，他们存在着不少困难。为了帮助他们提高认读和拼读能力，我就在上课前给他们补了补读音规则、字母组合和构词法。这本来是我应该做的。但是，同学们对我都特别感谢。她们处处关心我，爱护我，我们相处得就像姐妹一样。

我们经常在回家的路上同行。有时复习当天老师讲的课程，有时也说说笑笑，非常愉快。

中秋节前夕，May 对我说："你年纪大了，还拿着那么重的书包，回家到公交车站还要过天桥，我送你过天桥吧！"我回答说："谢谢你，不用送我，我自己能走。在家里我还是主要劳动力呢！"她仍然坚持要送我。她说："咱俩一起走，还能一起复习今天老师讲的课呢！"她这样一说，我就不好推辞了。过天桥时，她一定要帮助我拿书包。她非常热情和诚恳，我也就只好服从了。我们俩一面爬天桥，一面复习老师讲的音标和单词。

不一会儿 446 路公交车来了。她提着书包送我上了车，又赶忙下车去赶她要坐的公交车。上车后，我一直闭目养神。到我该下车的那一站，我提起书包，好家伙，书包变得那么重，我都有点提不动了。下车后，我打开书包一看，原来里面放进了两盒月饼和两大瓶丹麦的高级牛奶。这时，我才明白原来要和我同行一起复习英语，是个事先设计好的"阴谋诡计"，完全是找个借口给我送一份"中秋礼物"。我被她的深情厚谊深深地感动了。

35.她帮我实现了善意的"谎言"

　　我有个朋友，她是一位大夫。她的女儿两岁半了，非常活泼可爱，白天喜欢活动，晚上就爱踢被子。这位大夫怕她女儿着凉生病，每天晚上都要起来几次给孩子盖被子，影响了她的睡眠。她有一次在朋友圈里谈到了她的苦恼。

　　一位大夫一天要看几十个病人，工作是很累的，休息不好肯定会影响她的工作和健康，作为朋友应该想办法来帮助她解决这个问题。我想如果能给孩子做一个睡袋，就不用担心她踢被子，大人就能睡一个安稳觉。但是我不知道她的孩子到底需要多长的睡袋。我就打电话给这个大夫，请她量一量她闺女从肩膀到脚有多长。她说："她的衣服挺多的，您千万别给她再买衣服了。"我只好说了个善意的"谎言"。我说："我的朋友的孩子和你的闺女一样大。你量个尺寸给我，买衣服她的孩子才能穿得合适。"大夫信以为真，就把尺寸告诉了我。

　　我的另一个朋友赵桂玲是一个裁缝。她得知此事后，热心地帮助我去超市，挑选了一个能整件洗的、尺寸又稍大一点的儿童睡袋，但是卖的睡袋尺寸都偏短，小赵放下手里自己该干的活计，不辞辛苦地又把睡袋接长了，用快递寄了过来。这样，小赵就帮助我实现了善意的"谎言"。最近我接到大夫的微信，她告诉我，现在她的女儿愿意在睡袋里睡觉了。这样，她夜晚就不用起床给孩子盖被子，就能睡个安稳觉，第二天也就能以充沛的精力为病人看病了。我感谢赵桂玲师傅热心地帮助我实现了那个善意的"谎言"。

36. 小韩帮我们把东西送上楼

　　小韩是我们院子里的清洁工。他是一个很勤快、很热情、很愿意帮助别人的人。

　　我们的楼房没有电梯。我们这些退休的人，年老多病，孩子工作都忙又不住在一起，平时买点粮食、蔬菜、水果和生活用品提上楼，真不容易。

　　小韩看在眼里，记在心里。每当他在院子里打扫卫生，看见有老人拎着袋子，拉着小车经过时，他就会热情地说道："您年纪大了，费劲，我帮您拿上去吧！"他放下手里的活计，把装满东西的口袋、小车送到楼上去。这看来是一件小事，可是对我们老人的帮助可不小。他干一次两次，帮助一个人两个人容易。但是天天坚持这样做，帮助很多人去做，那就不是一件容易的事了。这反映了他全心全意为大家服务的高贵品德。

　　他不仅帮助老人把东西拿上楼，而且还在许多方面为大家做了不少的好事。马桶堵了，他给疏通；水龙头坏了，他给换新的；门锁坏了，他给修理；高处电灯泡坏了，他爬上去换成新的。诸如此类的大大小小的东西出了问题，都少不了要找小韩。所以，他虽然只是个清洁工，但是，在我们院子里他就像是一个物业的总管家。他不仅给我们带来方便，也给我们带来了友谊和温暖。

　　工作不分高低贵贱，只要是人们需要的，给大家带来方便的工作就是重要的，就会受到大家的尊敬和爱戴。

37. 要做一颗优良的种子

　　我的母校北京女一中有一位非常优秀的校长——杨滨。她培育了一支优秀的教师团队。他们个个认真负责，爱岗敬业，关爱学生。她自己经常在周会上，用铿锵有力的声音给我们讲话，对我们进行革命人生观的教育。她说："今天你们要为祖国刻苦学习，明天你们要为祖国建设贡献自己的一切。""你们今天要比昨天做得好，明天要比今天做得更好。"特别是她说："你们要做一颗优良的种子，不管撒到哪里都要在那里生根发芽开花结果。"这些话给我留下了深刻的印象，成为我一生中的座右铭。

　　在老校长和老师们的教育下，我们学校培养出了一批又一批优秀的人才。她们中有科学家、工程师、医生、教师……甚至还有像何鲁丽这样的领导人。她们中许多人，不管在什么岗位，都成为工作的骨干。她们埋头苦干，兢兢业业，不怕困难，勇往直前，为国家做出了自己应有的贡献。可以说她们都是优良的种子。

　　杨校长的话经常响在我的耳边，对形成我的人生观起了重要的作用。这些话成为推动我前进的强大动力。我是一个普通的教师，比起其他同学，我做得很不够。但是我也想成为一颗优良的种子，不管撒到哪里都能起一些作用，这样才不辜负杨校长的谆谆教导。

　　在杨校长教诲的指引下，我也尽力做了一些工作。在学校，我认真备课，积极开展第二课堂活动，配合班主任做学生的思想工作。退休后，我仍然牢记杨校长做一颗优良种子的教导，不管在哪里都做一点工作，发挥一点作用。我 53 岁，重新起步学习英语。55 岁成为一名少儿英语老师。退休后我教了 500 多个孩子学习英语，义务办了家政服务员英语学习班、微信英语学习班以及几十个孩子的课外辅导班。我参加了四年老年大学，学习英语，一边学习，一边当老师的助手。我把同学中对老师的意见和要求反映给老师。帮助落课的同学补课。给新同学讲读音规则、字母组合和国际音标。在社区里，我给孩子们讲怎样实现中国梦，讲革命英雄的故事，给他们介绍学习方法，尽自己的微薄之力，做一些力所能及的工作。

我感谢杨校长的教导，是她帮助我树立了正确的人生观，是她给了我一生的座右铭，是她鼓舞我不断去做一些有利于社会和别人的工作，是她给了我前进的动力和克服困难的勇气。

杨校长，您的话永远响在我的耳边，我一定要永远做一颗优良的种子。

图书在版编目（CIP）数据

亲情与友情 / 裴婉华著 . -- 北京：台海出版社，
2018.10

ISBN 978-7-5168-2122-0

Ⅰ . ①亲… Ⅱ . ①裴… Ⅲ . ①散文集—中国—当代
Ⅳ . ① I267

中国版本图书馆 CIP 数据核字（2018）第 212136 号

亲情与友情

著　　者：裴婉华

责任编辑：高惠娟　赵旭雯
责任印制：蔡　旭

出版发行：台海出版社
地　　址：北京市东城区景山东街 20 号　邮政编码：100009
电　　话：010 — 64041652（发行，邮购）
传　　真：010 — 84045799（总编室）
网　　址：www.taimeng.org.cn/thcbs/default.htm
E - mail：thcbs@126.com

印　　刷：三河市华东印刷有限公司
开　　本：710 毫米 × 1000 毫米　1/16
字　　数：210 千字
印　　张：14
版　　次：2019 年 1 月第 1 版
印　　次：2019 年 1 月第 1 次印刷
书　　号：ISBN 978-7-5168-2122-0
定　　价：68.00 元

版权所有　侵权必究